복 있는 사람

오직 여호와의 율법을 즐거워하여 그 율법을 주야로 묵상하는 자로다.
저는 시냇가에 심은 나무가 시절을 좇아 과실을 맺으며 그 잎사귀가 마르지 아니함 같으니
그 행사가 다 형통하리로다. (시편 1:2-3)

신학은 가장 고귀하면서도 위험한 학문이다. 신학을 어떻게 하느냐에 따라 거룩하고 아름다워질 수도 있고 교만하고 부패해질 수도 있다. 저자는 신학을 공부하는 이들에게 신학 지식이 자신의 메마르고 시든 영혼을 감추기 위한 은폐물로 사용될 수 있다는 점을 주지시킨다. 또한 그런 위험을 피하려면 어떤 마음가짐으로 공부하며 사역해야 하는지를 감명 깊은 메시지로 가슴 깊이 새겨 준다. 신학은 하나님을 즐거워하는 탐구의 여정이며 신학을 공부할수록 자기를 부인하고 십자가만 자랑하는 겸손의 골짜기로 깊이 내려간다는 것이다. 동시에 신학과 사역의 모든 과정은 기도의 호흡으로 얼룩지며 고난의 질곡에서 영글어진다. 그래서 주님과 우리가 공유하는 가장 아름답고 복된 소원, 곧 그리스도의 영광이 온전히 드러나는 교회를 향한 갈망에 사로잡힌 사역자로 성숙해 간다. 누구든 쉽게 읽을 수 있는 책이다. 특별히 복음 사역자들에게 일독을 권한다.

박영돈 | 고려신학대학원 교의학 명예교수, 작은목자들교회 담임목사

마이클 리브스는 이 책에서 사역을 준비하는 신학교의 학생뿐 아니라 하나님을 사랑하고 알고자 하는 모든 성도를 신학자로 규정하며 아홉 가지 기본 지침을 제시한다. 신학적 지식은 종교적인 장신구가 아니며 진리에 어울리는 겸손한 인격과 고통스런 연단이 필수적임을 강조하는 저자의 붓은 단호하지만, 학생들을 사랑하는 마음이 빚은 문장들은 따뜻하다. 주님을 알아 가는 여정에 코칭이 필요한 모든 이들에게 일독을 권한다.

한병수 │ 전주대학교 선교신학대학원 교의학 교수

마이클 리브스가 이 책을 써 주어서 무척 감사하다. 나는 이 책을 늘 곁에 두고 읽으며 주위 사람들에게도 나누어 주려 한다. 지금 젊은 사역자들이 받는 공적인 신학 훈련의 부족한 측면을 보완하는 데 이보다 더 알맞은 책을 찾기는 쉽지 않다.

데인 오틀런드 │ 네이퍼빌 장로교회 담임목사

사역하는 마음

Michael Reeves

Authentic Ministry: Serving from the Heart

사역하는 마음

———— 마이클 리브스
송동민 옮김

———— 복 있는 사람

사역하는 마음

2023년 1월 6일 초판 1쇄 인쇄
2023년 1월 13일 초판 1쇄 발행

지은이 마이클 리브스
옮긴이 송동민
펴낸이 박종현

(주) 복 있는 사람
주소 서울특별시 마포구 연남동 246-21(성미산로23길 26-6)
전화 02-723-7183(편집), 7734(영업·마케팅) 팩스 02-723-7184
이메일 hismessage@naver.com
등록 1998년 1월 19일 제1-2280호

ISBN 979-11-92675-39-8 03230

유니언 신학교에서 공부했던

과거와 현재의 모든 학생들에게

들어가는 말:
자신을 잘 살피라

사도행전 20장에서, 바울은 에베소 교회의 장로들에게 이렇게 권면한다. "여러분은 자신과 온 양떼를 잘 살피라(개역개정판에는 "자기를 위하여 또는 온 양떼를 위하여 삼가라"로 번역되어 있다―옮긴이). 성령이 그들 가운데 여러분을 감독자로 삼고 하나님이 자기 피로 사신 교회를 보살피게 하셨느니라"(28절).

기독교 사역과 신학생들을 양육하는 일을 숙고할 때, 우리는 이 구절에 담긴 바울의 두 번째 당부에만 관심을 쏟기 쉽다. 곧 **양떼**를 살피며 그들을 제대로 섬길 방법을 찾는 데만 주의를 집중하는 것이다. 이처럼 쉬운 지름길을 택할 경우, 우리 자신의 마음은 전혀 살피지 않은 채 목회 기술과 성경 지식을 습득하는 일에만 전념하게 된다. 하지만 이때에는 위선과 공허한 직업주의에 빠지기 쉽다. 이때 우리는 탈진과 염려, 고립과 적개심을 비롯한 온갖 문제에 시달린다.

여기서 바울의 두 번째 당부는 사실 다음의 첫 번째 권면에 토대를 두고 있다. "**여러분 자신을** 잘 살피라." 우리가 이 일을 먼저 행할 때 비로소 진정한 사역, 곧 하나님의 온 양떼를 돌보는 사역을 바르게 감당할 수 있기 때문이다. 이 책의 목표는 이처럼 여러분 자신을 살피는 일을 돕는 데 있다. 여러분이 내적인 성품을 잘 가꾸어서 교회를 섬기는 사역을

11

들어가는 말

적절히 감당할 수 있게 돕는 것이 내 목표다.

　이어지는 장들은 내가 재직 중인 영국 유니언 신학교의 학생들에게 전했던 일련의 강연에 기반을 둔다. 이 강연들은 성경의 신뢰성이나 그리스도의 충분하심 등에 관한 신학 강의가 아니었다(물론 그런 강의들도 지극히 중요한 것은 사실이다). 오히려 이 강연들은 사역의 준비 과정에 들어선 그들에게 보낸 축복의 인사, 곧 "복된 여정이 되기를 비네!"라는 기원의 말에 가까웠다. 나는 그 학생들이 이곳에서 배운 신학 지식을 자신의 메마르고 시든 영혼을 감추기 위한 은폐물로 잘못 사용하지 않기를 바라는 마음으로 강연을 전했다. 이제 나는 독자 여러분도 순전한 기쁨과 활력을 품고 교회를 잘 섬기기를 바라는 마음으로 이 책을 내놓는다.

사역하는 마음

하나님을
즐거워하라

1

종교개혁 사상의 가장 아름답고 탁월한 정수 중 하나는 웨스트민스터 소요리문답의 첫 번째 질문과 답에서 찾아볼 수 있다. 그 속에는 성경의 방대한 사상이 하나의 멋진 부름과 응답으로 응축되어 있다. 그 내용은 이러하다.

문: 사람의 주된 목적은 무엇입니까?
답: 사람의 주된 목적은 하나님을 영화롭게 하며, 그분을 영원히 즐거워하는 것입니다.

하나님을 영화롭게 하며 그분을 즐거워하는 일. 서로 뗄 수 없는 이 두 진리는 종교개혁 운동의 중요한 이정표가 되었다. 개혁자들은 자신들이 전한 교리들을 통해 하나님이 영광을 받으시며 신자들이 기쁨과 위로를 얻게 됨을 확신했다.

종교개혁 당시에 그랬듯이, 이 두 진리는 지금 교회를 섬기는 우리에게도 중요한 이정표가 되어야 한다. 우리가 행하는 모든 사역의 주된 목적은 무엇인가? 그것은 바로 하나님을 영화롭게 하며 **그분을** 즐거워하는 데 있다.

우리가 지음 받은 목적도, 구원받은 목적도 하나님을 즐거워하는 데 있다. 베드로전서 3:18에서 베드로는 이렇게 기록한다. "그리스도께서도 단번에 죄를 위하여 죽으사 의인으

하나님을 즐거워하라

로서 불의한 자를 대신하셨으니 이는 **우리를 하나님 앞으로 인도하려 하심이라**"(강조는 저자의 것). 하나님이 우리를 용서하신 목적은 우리가 그분을 알며 그분 안에서 기뻐하게 하시려는 데 있었다. 그분이 우리를 죽음에서 건지신 것은 막연히 어떤 추상적인 구원을 베풀려 하심이 아니었다. 오히려 그분을 앎으로써 유일하고 참된 생명을 얻게 하심이었다.

우리가 이 사실을 깨달을 때 비로소 모든 일을 제대로 생각하며 판단하게 된다. 그럴 때에야 이 세상에서 으뜸가는 존재이신 하나님이 우리의 생각 속에서도 으뜸가는 자리에 놓이시기 때문이다. 그분은 우리를 위한 복음의 "지극히 큰" 상급이며 보물이 되신다(창 15:1). 그러므로 우리의 사역은 그분을 즐거워하는 마음에서 흘러나와야만 한다. 그분을 기뻐하는 마음자리에서 떠나서는 안 되며, 그렇지 않을 경우 우리의 모든 사역이 지극히 공허하고 위선적인 것이 된다. 하나님에 관한 우리의 지식이 늘어 가더라도 정작 그분 자신을 기뻐하는 마음이 깊어지지 않는다면, 우리의 삶은 점점 더 완고한 죄와 위선에 갇히게 될 뿐이다.

진실로 모든 신학의 최종 목표는 바로 여기에 있다. 곧 하나님에 관한 지식만을 습득하는 것이 아니라, 진리이신 그분을 참으로 알고 사랑하며 즐거워하는 일이 우리의 목표다.

사역하는 마음

하지만 신학생들이나 신학교에 몸담은 이들은 이 일에 늘 어려움을 겪곤 한다. 우리는 예수님을 마치 학문적인 해부의 대상처럼 여기기 쉽다. 우리는 복음의 메시지 아래 복종하기보다, 복음을 우리가 다루고 익힐 지식처럼 여긴다. 성경 역시 살아서 역사하시는 하나님의 말씀이 되기보다, 우리가 설교와 논문을 작성하기 위해 파헤쳐야 할 교과서가 되어 버린다.

청교도 목회자인 리처드 백스터는 이런 '기독교 직업주의'에 빠지지 말 것을 경고했다. 이것은 그저 자신의 설교 원고나 논문을 써 내기 위해 성경과 하나님에 관한 지식을 가져다 쓰는 태도다. 이에 관해 그는 다음의 통렬한 비유를 들었다. "많은 재단사들의 경우, 다른 이들을 위해 값비싼 옷을 만들면서도 자기 자신은 너절한 옷을 입고 다닌다. 많은 요리사들은 다른 이들을 위해 진기한 요리를 만들면서도 정작 자신은 손가락만 핥을 뿐이다."[1] 이처럼 하나님과의 교제를 소홀히 할 때, 우리의 영혼은 실로 공허해진다. 하나님에 관한 지식을 가지고 다른 인간적인 목표와 과업들을 수행하긴 하지만, 정작 그분 자신을 알아 가지는 못하게 되는 것이다. 이때 우리는 하나님을 **즐거워하는** 것이 아니라 그분을 **이용하는** 이들이 된다.

17

하나님을 즐거워하라

이처럼 하나님을 향한 찬양과 기도가 없는 자리에 머물 때, 우리의 삶은 점점 더 추한 모습이 된다. 이때 우리는 진정한 생명에서 단절된 채, 자신이 지음 받은 목적에 어긋나는 방향으로 나아가게 되는 것이다. 하나님을 영화롭게 하며 그분을 영원토록 즐거워하는 것이 바로 그 목적이다.

때로 우리는 예수님을 따르는 데 싫증을 낸다. 이는 그분의 모습을 속속들이 다 파악했으며 그분이 주시는 기쁨 역시 누릴 만큼 누렸다고 생각하기 때문이다. 그리하여 우리는 영적인 권태에 빠진다. 하지만 예수님은 무한하신 하나님의 마음과 생각을 영원히 만족케 하시는 분이다. 그러므로 우리의 권태는 그저 무지의 소산일 뿐이다. 만일 성부 하나님이 그분 안에서 무한하고 영원한 만족을 얻으신다면, 예수님은 우리에게도 지극히 큰 만족의 원천이 되는 분이심이 분명하다. 그분은 모든 상황 속에서 영원히 우리의 모든 필요를 채워 주신다. 예수님이 이같이 충만하신 분이기에, 복음의 메시지 역시 아무 부족함이 없다.

이제 하나님을 즐거워하는 일의 의미를 더 자세히 설명해 보겠다. 우리의 삶이 실제로 달라지려면 이 점을 온전히 파악할 필요가 있기 때문이다. 하나님을 즐거워하는 일이 지극히 중요한 이유로 다음의 네 가지를 들 수 있다. (1) 우리는

18

그 일을 통해 마귀들과 구별된다. (2) 그 일은 성도의 삶이 지니는 핵심 특징이다. (3) 그 일은 하나님께 속한 참생명에 들어가는 일의 한 부분이다. (4) 그 일은 우리가 지음 받은 목적이다.

첫째, 우리가 마귀들과 구별되는 것은 바로 우리가 하나님을 즐거워할 수 있기 때문이다. 야고보는 이렇게 기록했다. "네가 하나님은 한 분이신 줄을 믿느냐. 잘하는도다. 귀신들도 믿고 떠느니라"(약 2:19). 이처럼 마귀들도 성경을 알고 그 내용을 정확히 설명할 수 있다. 우리 성도들이 마귀들과 구별되는 것은 우리에게 성경 지식이 있기 때문이 아니다. 오히려 우리는 하나님을 즐거워하는 반면, 그들은 그분을 몹시 겁내고 두려워한다는 데 그 차이점이 있다.

조나단 에드워즈는 이 점을 다음처럼 자세히 서술했다.

성경에서는 마귀까지도 고통에 대한 두려움 때문에 외견상 종교적인 태도를 취했던 경우를 언급한다. "예수를 보고 부르짖으며 그 앞에 엎드려 큰 소리로 불러 이르되 지극히 높으신 하나님의 아들 예수여. 당신이 나와 무슨 상관이 있나이까. 당신께 구하노니 나를 괴롭게 하지 마옵소서 하니"(눅 8:28). 여기서 우리는 외적인 경배의 모습을 보게 된

하나님을 즐거워하라

다. 마귀는 종교적인 태도를 취하면서 언뜻 보기에 겸손한 자세로 기도한다. 그는 그리스도 앞에 납작 엎드려서 큰 소리로 간구하며, 겸허한 표현을 써서 이렇게 탄원한다. "당신께 구하노니 나를 괴롭게 하지 마옵소서." 그는 예수님을 부를 때에도 공경과 높임의 뜻이 담긴 다음의 호칭을 쓰고 있다. "지극히 높으신 하나님의 아들 예수여!" 이처럼 그의 경배는 모든 형식을 갖췄지만, 정작 그 본질인 사랑은 빠져 있다.[2]

둘째, 하나님을 즐거워하는 것은 새 사람, 곧 영적으로 거듭난 신자들의 핵심 특징이다. 우리 성도들은 시편 27:4에 기록된 다윗의 갈망을 좇아 아버지 하나님께 이렇게 부르짖곤 한다. "내가 여호와께 바라는 한 가지 일 그것을 구하리니 곧 내가 내 평생에 여호와의 집에 살면서 여호와의 아름다움을 바라보며 그의 성전에서 사모하는 그것이라."

셋째, 우리가 하나님을 즐거워하는 것은 하나님께 속한 참생명에 들어가는 일의 핵심이다. 성부 하나님은 영원 전부터 완전하신 성자 하나님을 사랑하고 기뻐하셨으며, 성자 하나님은 성령 하나님 안에 있는 교제 가운데서 성부 하나님을 사랑하고 기뻐하셨다. 우리는 바로 그 생명의 교제에 참여하

20

사역하는 마음

도록 지음 받은 것이다(요 17 : 20-23 참조).

그리고 끝으로, (앞서 살핀 웨스트민스터 소요리문답에서 언급
하듯이) 우리가 지음 받은 목적은 하나님을 즐거워하는 데 있
다. 따라서 우리가 그리스도인답게 살고 주님을 섬기며, 풍
성하고 복된 결실을 누리려면 이 일이 꼭 필요하다. 장 칼뱅
은 이 점을 이렇게 표현한다.

모든 이들이 마땅히 공경하며 흠모해야 할 분이 계신다는
점을 단언하는 것만으로는 충분하지 않다. 우리는 또한 그
분이 모든 선한 일의 원천이시며, 오직 그분께 우리의 모든
필요를 구해야 한다는 점을 확신해야 한다. …… 우리의 모
든 존재가 하나님께로부터 왔으며 그분의 인자한 손길로
돌봄과 양육을 받고 있다는 점, 그분이 우리에게 있는 모든
선한 일들의 근원이시며 그분 외의 그 무엇도 의지해서는
안 된다는 점을 깨닫기 전까지, 우리는 전심으로 기꺼이 그
분을 섬기지 못한다. 하나님을 온전한 행복의 토대로 삼지
않는 한, 우리 자신을 참되고 신실한 마음으로 그분께 드릴
수가 없다.[3]

이처럼 하나님을 즐거워하는 일은 우리가 그리스도 안

하나님을 즐거워하라

에서 성장하며 교회와 세상을 섬기기 위한 힘의 원천이자, 그 일들을 가능케 하는 복된 비밀의 열쇠가 된다. 그 일은 그저 우리가 여러 의로운 행위의 목록에 추가하는 또 하나의 활동이 아니다. 오히려 그것은 의로운 삶의 원천 그 자체다. 여기서 우리는 자신의 사역과 삶 전체가 하나님을 향한 예배가 되어야 한다는 점을 늘 기억해야 한다. 매 순간 그분을 향한 기도와 찬미를 이어 가야 하는 것이다. 그럴 때 우리는 하나님을 전심으로 즐거워하게 된다.

특히 신학생들의 경우, 이 일을 통해 학업의 과정에서 훨씬 큰 보람을 맛볼 수 있다. 이에 관해 한 신학자는 이렇게 언급했다.

어떤 신학자가 자신의 과업 가운데서 기쁨을 얻지 못한다면, 우리는 그를 신학자로 여길 수 없다. 이 분야에서는 어떤 이가 못마땅한 얼굴로 자신의 음울하고 따분한 생각들을 늘어놓는 일이 용납되지 않는다. 신학의 주제인 위대한 영적 진리들을 다룰 때, 하나님이 우리를 '권태'(*taedium*)의 죄에서 건져 주시기를 빈다! (로마 가톨릭교회는 그 죄를 수사들이 범할 수 있는 일곱 가지 큰 죄 중 하나로 여겼다.) 여기서 우리는 하나님만이 그 죄에서 우리를 건져 주실 수 있음을 분명히

사역하는 마음

깨달아야 한다.[4]

우리는 "예수 그리스도의 얼굴에 있는 하나님의 영광을 아는 빛"을 누리도록 지음 받았다(고후 4:6). 우리는 오직 그 빛 안에서 참생명과 담대한 확신을 얻고, 겸손히 다른 이들을 섬기게 된다.

만약 이 빛을 우리의 심령 속에 간직하지 않은 채로 사역한다면, 자기 힘과 지혜로 어떻게든 해보려고 애쓰다가 결국 탈진하고 말 것이다. 하지만 그리스도의 영광을 바라보며 그분의 복되심을 체험할 때, 자신의 힘에 의지하려는 마음을 내려놓게 된다. 이때 우리는 그분의 한없는 영광과 자신의 미천함을 온전히 깨닫기 때문이다. 그러고는 지극히 존귀한 그분의 메시지를 다른 이들과 함께 나누기를 전심으로 갈망하게 된다. 진정한 사역의 본질은 바로 여기에 있다.

예수 그리스도의 얼굴을 통해 드러난 하나님의 영광은 세상의 어둠을 이길 수 있는 유일한 빛이다. 우리는 그 영광의 빛을 늘 바라보고 붙들며, 온 세상에 전파해야 한다.

하나님을 즐거워하라

십자가만을
자랑하라

2

그러나 내게는 우리 주 예수 그리스도의 십자가 외에 결코 자랑할 것이 없으니 그리스도로 말미암아 세상이 나를 대하여 십자가에 못 박히고 내가 또한 세상을 대하여 그러하니라(갈 6:14).

그리스도인들의 삶 속에 있는 모든 영적인 질병의 씨앗은 십자가를 자랑하지 못하는 데 있다. 그리고 이와 반대로 그들이 십자가를 자랑할 때 다시금 영적인 건강을 얻는다. 하지만 우리는 복음의 토대인 그 십자가를 떠나 '더 높은 단계'로 나아갈 수 있다는 생각에 쉽게 빠진다.

위의 구절에서 바울은 이렇게 선포한다. "나는 십자가만을 자랑하노라." 이것은 놀라운 진술이다. 그에게는 자랑할 것이 그 외에도 많았기 때문이다. 그는 히브리인 중의 히브리인이며, 한 사람의 바리새인이었다(빌 3:5). 그는 매우 박식하고 총명하며 탁월한 권위를 지닌 인물이었다. 그는 특별한 계시와 환상들을 경험했으며, 한 사람의 사도였다! 하지만 바울은 오직 주님의 십자가만을 자랑했던 것이다.

여기서 우리는 바울의 진술을 주의 깊게 살필 필요가 있다. 그의 말은 그저 그리스도의 십자가에 관해 이야기하는 사람이 되려 한다는 뜻이 아니다. 그가 받은 부르심은 단순

십자가만을 자랑하라

히 기독교의 가르침을 적절히 제시하라는 데 있지 않았다. 그 일은 바울이 아닌 어느 누구라도 감당할 수 있기 때문이다. 오히려 바울은 자신의 삶 속에서 십자가를 자랑하는 일에 관해 언급하고 있다. 이것은 우리의 온 마음이 걸린 문제다. 우리는 자신에게 기쁨을 주며 매혹시키는 일에 관심을 쏟기 때문이다.

바울에게 (그리고 하나님께) 중요한 것은 할례나 무할례가 아니라 새 창조였다(갈 6:15). 여기서 '새 창조'란 하나님이 주시는 새 마음과 사랑, 갈망을 덧입는 일을 뜻한다. 정말 중요한 일은 우리가 외적으로 어떤 종교에 소속되어 있느냐 하는 것이 아니다. 오히려 우리 마음과 삶이 예수 그리스도의 십자가에 실제로 매혹되어 있는지 여부다.

그리스도의 십자가는 그분이 행하신 사역들의 절정이자 그분의 정체성을 가장 밝히 드러내는 통로다. 그 십자가는 복음의 중심점이 되어, 자석처럼 사람들을 하나님께로 끌어당긴다. 감동적인 웅변과 장엄한 음악, 심오한 철학이나 탁월한 논증도 십자가의 의미를 생생히 드러내는 복음의 메시지만큼 우리의 깊은 속마음을 뒤흔들어 놓지는 못한다.

십자가를 대면하기 전까지, 우리는 자신이 멋지고 매력적인 사람이라고 아주 자연스럽게 믿곤 한다. 혹은 적어도

26

사역하는 마음

우리에게 하나님이나 다른 사람들과 합당한 관계를 맺을 자격이 있다고 여긴다. 그리고 우리 자신의 허물에 관해서는 대수롭지 않게 넘겨 버리는 것이다. 하지만 하나님은 우리가 그리스도의 십자가를 바라보도록 이끄시며, 그분 자신이 우리의 죄를 얼마나 혐오하시는지 알게 하신다. 그리하여 우리는 한없이 낮아지며, 그분이 내리신 죽음의 판결이 참으로 옳음을 시인하게 되는 것이다. 이때 우리는 자신의 참모습을 깨닫고 깊은 충격과 두려움에 휩싸인다.

물론 자기 존중의 문화에 익숙한 현대인에게는 이런 일들이 불쾌하게 들릴지 모른다. 하지만 하나님이 행하시는 이 일들은 실제로 그분의 진정한 자비에서 우러나는 것이다. 자신의 죄책을 애써 외면하는 우리의 본성적인 성향, 곧 다른 이들에게 책임을 떠넘기며 자신의 잘못을 합리화하는 모든 행태는 십자가의 그늘 아래서 마침내 끝이 난다. 그리고 그곳에서 하나님은 우리 자신의 죄책을 제대로 직면하고 해소할 수 있게 만드신다.

십자가의 메시지는 죽음의 상태에 처한 자들을 생명으로 인도한다. 그것은 **모든 이**를 살리는 메시지이며, 그중에는 영적인 나태에 빠진 이들 역시 포함된다. 더 깊은 거룩함에 이르기 원하는 그리스도인들이나 무감각한 상태에 빠진

십자가만을 자랑하라

이들, 불신자들과 자신의 영적인 상태를 염려하는 이들 모두 그리스도의 십자가 앞에서 마음의 변화를 체험한다. 바로 이 때문에, 우리가 교회의 성도들과 세상을 향해, 무엇보다도 우리 자신을 향해 선포하는 복음의 메시지는 십자가 중심적인 것이 되어야만 한다.

우리 인간의 마음에는 스스로를 바로잡을 능력이 없다. 하지만 우리는 본성적으로 자신의 힘에 의지하기 때문에, 마음만 먹으면 자신이 갈망하는 그 혁신을 이룰 수 있다고 믿는다. 이때 우리는 자신이 성취한 일들을 통해 마음의 안정을 얻기를 바라면서 자신을 계속 채찍질한다. 그러나 우리가 참된 마음의 변화를 경험할 수 있는 것은 오직 그리스도의 십자가 아래서뿐이다. 그곳에서는 우리의 죄와 더불어 하나님의 심판과 은혜에 관한 진리들이 지극히 숭엄한 모습으로 드러난다.

그렇다면 예수님의 죽으심에 관한 이 메시지가 눈먼 자들로 보게 하며 죽은 이들을 살리고, 게으른 신자들을 흔들어 움직일 정도로 강한 힘을 갖는 이유는 무엇일까? 간단히 말해, 이는 그분의 십자가에서 하나님의 영광이 가장 뚜렷이 드러나기 때문이다. "어두운 데에 빛이 비치라 말씀하셨던 그 하나님께서 예수 그리스도의 얼굴에 있는 하나님의 영광

사역하는 마음

을 아는 빛을 우리 마음에 비추셨느니라"(고후 4:6). 그 십자가를 통해, 하나님은 다른 방법으로는 도저히 뚫을 수 없는 이 세상의 어둠 가운데서 그분 자신의 영광이 환히 드러나게 하셨다. 그리고 그 영광의 빛을 바라볼 때, 우리는 "영광에서 영광에 이르[도록]" 자라 간다(고후 3:18).

그리스도의 십자가에서 하나님의 참된 지혜와 능력, 그분의 거룩하심과 선하심, 사랑과 주권이 놀랍도록 아름답게 우리의 눈앞에 드러난다. 그리고 그 모습을 바라보는 신자들은 그분께 온전히 굴복한다. 하나님은 **언제나** 지혜롭고 능력이 많으시며, 거룩하고 선하시며, 사랑이 풍성한 주권자시다. 하지만 우리가 그리스도를 떠나 있을 때에는 그 사실을 제대로 깨닫거나 헤아리지 못한다. 예를 들어 우리는 하나님의 주권적인 다스림을 차갑고 잔인한 폭군의 통치로 오해한다. 혹은 이와 반대로 그분의 선하심을 유약한 관용으로 받아들이곤 한다.

십자가에서 하나님의 영광이 드러날 때, 우리는 그분의 **모든** 속성을 헤아리게 된다. 이때 우리는 하나님이 연약한 이들을 도우실 뿐 아니라, 큰 죄를 지은 이들에게도 오래 참으시며 무한한 자비를 베푸시는 분임을 알게 된다. 십자가에서 우리는 하나님의 풍성한 은혜와 우리를 구원하시는 주권

십자가만을 자랑하라

적인 능력, 그분의 거룩한 공의와 사랑을 본다. 그리스도께서 피 흘리시는 모습을 볼 때 우리의 마음이 아픔을 겪고, 그분이 당하신 수치를 생각할 때 우리도 깊은 부끄러움을 느낀다. 십자가에서 우리는 하나님이 죄를 지극히 미워하심을 깨닫고, 이로 인해 우리 자신의 죄를 미워하게 된다.

그런데 이야기는 여기서 그치지 않는다. 십자가에서 우리는 주님의 강렬한 사랑을 본다. 그 사랑은 너무도 맹렬하여 우리의 차가운 무관심을 깨부수며, 다른 것들을 향한 우리의 갈망을 압도해 버린다. 십자가에서 우리는 위엄에 찬 그리스도의 선하신 모습을 마주하며, 그분이 베푸시는 복된 평안을 경험한다. 악한 자들이나 슬픔과 절망에 빠진 이들, 깊은 이기심에 사로잡힌 이들이 밝고 친절하며 너그러운 성도들로 변화될 수 있는 이유는 바로 여기에 있다.

또한 십자가에서 우리는 새로운 정체성을 얻는다.

바울은 이렇게 기록했다. "그리스도로 말미암아 세상이 나를 대하여 십자가에 못 박히고 내가 또한 세상을 대하여 그러하니라"(갈 6:14). 예수님께 삶을 드린 이들은 더 이상 자아 정체성의 진정한 토대가 그들 자신의 성취에 있지 않음을 알게 된다. 자신의 모든 죄와 더불어, 그들은 이미 그리스도와 함께 십자가에 못 박혔기 때문이다. 이제 그들의 정체성

30

은 바로 **그분** 안에 있다.

하지만 오늘날 어디를 가든지, 신자들이 미처 그리스도 안에서 자신의 정체성을 찾지 못한 채 고민하며 씨름하는 모습을 보게 된다. 나 역시 매일의 일정과 시간표에 관심을 집중한 나머지, 날마다 **行하는** 일들 가운데서 자신의 정체성을 찾곤 한다. 이때 나는 스스로를 그리스도와 함께 십자가에 못 박힌 자로 여기기보다, 은연중에 세상적인 성공과 인기의 관점에서 바라본다. 하루의 일과가 어떻게 풀렸느냐에 따라, 내가 더 큰 인기와 성공을 얻었거나 혹은 그렇지 못했다고 여긴다. 이처럼 그리스도 안에서 내 정체성을 파악하지 않을 때, 나는 내가 잔뜩 부풀어 오른 풍선만큼이나 취약한 존재임을 깨닫는다.

성공과 인기의 관점에서 스스로를 규정할 때, 이 일들은 내 삶 속에서 지극히 중요한 것이 된다. 만약 성공과 인기를 누릴 경우 내 자아는 터무니없이 부풀어 오른다. 하지만 그렇지 못할 때 나는 풍선처럼 터져 버린다. 그러나 내 정체성의 핵심이 그리스도 안에 있을 경우에는 이런 일이 벌어지지 않는다. 그분은 어제와 오늘뿐 아니라 앞으로도 영원히 한결같은 분이시기 때문이다(히 13:8).

우리 정체성의 원천이 어디에 있느냐 하는 문제는 단지

십자가만을 자랑하라

우리 자신의 인격과 삶에만 영향을 미치는 것이 아니다. 신자들이 그리스도 외의 어떤 것에 근거해서 스스로를 규정할 때, 그들은 주위의 여러 사람에게도 해를 끼친다. 그들이 권력과 인기를 갈구하다가 마침내 쟁취할 때, 그들은 거만하고 잘난 체하며 다른 이들을 괴롭힌다. 그리고 그것을 얻지 못할 때 그들은 침울하고 냉담하며 예민한 이들이 된다. 이처럼 성공에 도취된 이들과 실패로 괴로워하는 이들은 모두 그릇된 목표에 지나치게 관심을 쏟았다는 공통점이 있다. 그들은 그리스도가 아닌 다른 무언가에 근거해서 자신의 정체성을 추구했기에 이같이 추한 존재가 되고 만다.

우리는 이 진리를 마음속 깊이 새길 필요가 있다. 그리스도를 믿을 때 우리는 즉시 새로운 지위를 얻게 된다. 하지만 그 지위를 얻었다는 것이 우리 자신의 정체성을 규정해 주는 가장 깊은 진리임을 실감하려면 철저하고도 지속적인 변화와 노력이 필요하다. 그럼에도 신자들의 주된 정체성은 그들이 그리스도 안에서 누리는 그 지위에 있으며, 그 지위는 참된 기독교적 삶을 위한 유일한 토대가 된다.

그러므로 우리의 건전한 인격과 기쁨에 찬 교제를 위해, 우리를 교묘히 유혹하는 다음의 개념에 맞서 싸워야 한다. 이는 우리가 그리스도와 함께 십자가에 못 박힌 이들로서 성

사역하는 마음

부 하나님 앞에서 성자 하나님의 생명을 함께 누린다는 것보다도 더욱 본질적인 정체성(혹은 어떤 배경이나 능력, 지위)이 존재한다는 개념이다.

기독교 지도자들이 겪는 시험에 관해서는 이제껏 많은 이들이 언급한 바 있다. 하지만 자신의 정체성을 그릇된 위치에서 찾는 것은 그 지도자들이 가장 빠지기 쉬운 함정 중 하나일 것이다.

자신이 스스로의 노력이 아닌 은혜로 구원받은 죄인임을 망각하는 지도자, 자기 정체성을 그리스도 안에서가 아니라 자신의 목회 성과에서 찾는 지도자를 생각해 보자. 그의 사역은 어떤 모습을 띠게 될까? 만약 그가 자신의 행위로 의롭다 함을 얻는다고 믿는다면, 스스로의 행위에 의존하는 삶을 살게 될 것이다(가장 정통적인 입장에 속한 그리스도인들도 이런 오류에 빠질 수 있다). 자신이 은혜로 구원받은 죄인임을 잊었기에, 그는 자신의 회중 앞에서 완벽한 모습을 꾸며내게 된다. 실제로 이런 모습은 놀랍도록 흔히 나타난다! 자신이 그리스도의 십자가를 통해 하나님 앞에서 의롭다 함을 얻었음을 망각할 때, 그는 다른 이들의 인정을 통해 자신의 존재 가치를 확보하려고 애쓰게 될 것이다. 이때 그는 다른 이들을 올바른 길로 인도하기는커녕, 그저 인기를 얻고자 사람들의 기대

십자가만을 자랑하라

에 맞추려고 애쓰는 이가 된다.

달리 말해, 기독교 지도자들은 십자가와 칭의의 복음을 굳게 붙들어야 한다. 그래야만 마음의 순전한 동기와 목적을 간직하며 자신의 사역에 휘둘리거나 탈진하지 않을 수 있다.

그러니 바울이 그리스도의 십자가만을 자랑한다고 한 것도 놀랍지 않다. 그 외에 우리에게 진정한 기쁨과 자유를 줄 수 있는 것이 어디 있겠는가? 세상을 향해 십자가에 못 박힐 때, 우리는 그 세상의 강력한 지배로부터 해방된다. 이제는 주님의 십자가만큼 우리의 마음을 끄는 일이 없게 된다. 돈과 성공을 비롯한 이 세상의 일은 우리에게 참된 기쁨과 만족을 주지 못한다. 오직 그리스도만이 그 기쁨과 만족의 근원이 되신다.

교회의 개혁과 갱신이 이루어졌던 시기에는 언제나 이런 십자가 중심의 관점이 뚜렷이 드러났다. 이때에는 신자들이 하나님의 영광과 은혜를 새롭게 바라보며, 그분의 성품과 자신들의 정체성을 다시금 자각했던 것이다. 그들은 하나님이 크고 영화롭고 거룩하며 아름다우신 분이며, 자신들은 전혀 그렇지 않음을 되새겼다. 십자가에 달리신 그리스도의 모습을 바라보면서, 그들은 자신들의 죄를 깨닫고 깊이 탄식하며 부르짖었다. 이는 예전에 이사야가 영광중에 높이 계신 주

34

사역하는 마음

님의 모습을 뵙고 이렇게 부르짖었던 것과 같다. "화로다. 나여, 망하게 되었도다. 나는 입술이 부정한 사람이요 나는 입술이 부정한 백성 중에 거주하면서 만군의 여호와이신 왕을 뵈었음이로다"(사 6:5). 이에 반해 인간적인 복음, 곧 우리의 죄를 사소하게 여기고 그리스도 역시 하찮은 구주와 조력자로 만들어 버리는 메시지들은 이런 열매를 거두지 못한다.

우리가 주님의 십자가 아래서 배우는 겸손은 모든 영적 건강의 근원이 된다. 이는 곧 우리 자신을 내세우지 않고 그리스도만을 자랑하는 태도다. 우리 죄인들을 향한 하나님의 사랑을 깨달을 때, 우리는 그동안 자신의 본모습을 감춰 왔던 가면들을 벗어 놓게 된다. 우리는 정죄받은 죄인들이지만 그리스도 안에서 의롭다 함을 얻었기에, 자신의 모습을 있는 그대로 드러낼 수 있는 것이다. 우리는 사랑받지 못할 자들임에도 불구하고 그분의 사랑을 입었기에, 이제는 다른 사람들을 사랑하기 시작한다. 우리는 하나님과 화목하게 되었기에, 이제 내적인 평안과 기쁨을 얻는다. 그리고 만물을 능가하는 하나님의 위엄을 목도했기에, 우리는 더 큰 힘과 활력을 얻는다. 이제는 그분 앞에서 경이에 찬 두려움에 떨며, 더 이상 사람을 두려워하지 않는다.

이것이 바로 마르틴 루터가 복음을 통해 체험한 변화였

십자가만을 자랑하라

다. 루터는 젊은 시절에 자신이 심한 불안을 겪었다고 자주 언급한다. 그는 자신의 고민에 깊이 사로잡혀 있었기에 지극히 작은 일들까지도 그를 두렵게 만들었다. 그리하여 바람에 흔들리는 나뭇잎 소리에도 놀라 도망칠 정도였다(레 26:36). 그러나 루터가 그리스도의 복음을 대면했을 때, 그의 이 연약한 모습이 완전히 달라졌다. 롤런드 베인턴은 자신이 쓴 루터 전기의 마지막 부분에서 다음과 같이 탁월한 필치로 이 변화를 서술한다.

> 이제 루터는 바람에 이는 나뭇잎 소리에 두려워 떨지 않았다. 천둥 번개가 칠 때에도 그는 겁에 질려 성 안나를 찾는 대신, 가볍게 웃음 지을 수 있었다. 이 마음의 변화 덕분에, 그는 신성로마제국의 황제 앞에서도 이같이 담대하게 선언할 수 있었다. "내가 여기 서 있습니다. 나는 이와 달리 행할 수 없습니다. 주여, 나를 도우소서. 아멘."[1]

루터가 하나님의 위엄과 자비 앞에서 발견한 겸손은 우울하거나 소심한 것이 아니었다. 그것은 담대한 기쁨에 찬 마음의 태도였다. 이는 우리가 주님의 십자가 앞에서 품게 되는 겸손의 주된 특징이며, 복음의 메시지를 통해 새롭게

사역하는 마음

된 이들의 마음가짐이다.

우리가 하나님의 위엄에 사로잡힐 때, 심리 치료를 지향하는 인간 중심의 신앙을 추구하지 않게 된다. 우리가 그분의 빛나는 영광 아래 있을 때, 우리 자신만의 작은 제국을 구축하려 들지 않는다. 이때 우리의 인간적인 성취는 하찮게여겨지며, 서로 간의 다툼이나 개인적인 야망은 혐오스럽게다가온다. 이때에는 하나님이 우리의 삶 속에서 중요한 자리를 차지하며, 그리하여 사람이 아닌 그분을 기쁘시게 하는일에 힘쓰게 된다. 이때 우리는 복음 전하는 일을 주저하거나 망설이지 않는다. 오히려 우리는 우리를 구속하신 하나님의 은혜를 되새기며, 다른 이들 앞에서 그분의 온유와 겸손을 드러낼 것이다. 실로 주님은 상한 갈대를 꺾지 않는 분이시다(사 42:3; 마 12:20). 이때 우리는 기꺼이 다른 이들을 섬기고 축복하며, 날마다 회개의 자리로 나아갈 것이다. 우리는자신의 존재를 가벼이 여길 수 있으니, 우리의 자랑은 우리자신이 아닌 그리스도께 있기 때문이다. 이것이 바로 십자가에 달리신 그리스도 앞에서 우리가 품게 되는 순전한 마음의자세다.

장차 우리는 영원히 그리스도의 십자가를 자랑하게 될것이다. 이 일을 통해, 우리 그리스도인들은 천상에 속한 삶

십자가만을 자랑하라

의 특징을 **드러낸다.** 곧 하나님이 우리에게 베푸신 자비의 손길을 깊이 찬양하면서, 지금 이곳에서도 겸손한 기쁨으로 자유롭게 살아가는 것이다. 이 시대에는 그리스도의 십자가와 영광을 다른 모든 꿈과 희망, 목적보다 더 소중하게 여기는 사람들이 꼭 필요하다. 그들은 그리스도께서 우리의 필요를 온전히 채워 주시는 분임을 바르게 아는 이들이다.

사역하는 마음

담대하게
기도하라

3

하늘에 계신 우리 아버지여(마 6:9).

마태복음 6:9에서 예수님은 이렇게 말씀하신다. "너희는 이렇게 기도하라. 하늘에 계신 우리 아버지여……." 이 어구는 마치 기도의 수로를 열어 주는 구절과도 같다. 그 수로를 통해, 하늘의 복이 우리 삶 속에 깊은 물처럼 흘러들어 온다.

오늘날 기도에 관해 살피는 일은 지극히 중요하다. 우리는 많은 사람들이 자신에게 전혀 부족한 것이 없다고 믿는 세상 속에서 살아가고 있기 때문이다. 그런 사람들은 굳이 하나님께 도움을 구할 필요를 느끼지 않는다. 그리고 그리스도인들 역시 그런 세상의 흐름에 휩쓸린다. 이제 우리는 마르다처럼 분주하게 온갖 일들을 감당하지만, 마리아처럼 예수님 곁에 앉아 그분과 진지한 대화를 나누지는 못한다. 이처럼 기도가 없을 때, 우리 그리스도인들의 삶은 공허해진다. 기도는 기독교적인 삶의 온전함을 나타내는 표지이기 때문이다.

기도란 무엇일까? 어쩌면 이 질문의 답은 뻔해 보일 수도 있다. 하지만 지금 우리가 겪는 여러 문제의 실제 원인은 기도의 개념을 혼동하는 데 있다는 것이 내 생각이다. 오늘날 많은 그리스도인들은 기도를 그저 '신자가 행하는 여러

41

일들 중 하나'로 여기곤 한다. 그것은 그저 기독교적인 활동 중 하나로서, 우리가 마땅히 행할 의무의 목록에 속한 한 가지 항목일 뿐이라는 것이다. 하지만 그런 생각을 좇을 때, 우리의 기도는 완전히 잘못된 길로 갈 수 있다. 예를 들어 주님은 이사야서 29:13에서 이스라엘 백성을 두고 이렇게 말씀하신다. "이 백성이 입으로는 나를 가까이 하며 입술로는 나를 공경하나 그들의 마음은 내게서 멀리 떠났나니."

그러면 참된 기도는 무엇일까? 이에 관해 장 칼뱅은 탁월한 답을 제시한다. 그에 따르면, 기도는 "믿음의 주된 실천"이다.[1] 달리 말해, 기도는 참된 믿음이 스스로를 드러내는 핵심 통로가 된다는 것이다. 참된 기도를 통해 우리는 하나님께 실제로 의존하며 그분을 신뢰하게 된다. 이것이 바로 실천하는 믿음이다. 이런 기도를 통해 우리는 자신이 하나님과의 교제를 **진정으로** 갈망하며 우리의 삶이 그분께 **진실로** 의존하고 있음을 생생히 드러내게 된다.

이와 반대로 기도하지 않는 이들은 실질적으로 무신론자의 상태에 빠진 이들이다.

기도가 이처럼 중요하기에, 세상과 우리의 육신과 마귀가 모두 우리로 하여금 기도하지 못하도록 막으려 드는 것도 당연하다. 이 말은 무엇을 의미할까? 이는 곧 여러분만이 기

사역하는 마음

도에 전념하는 데 어려움을 겪는 것이 아니라는 뜻이다. 그러니 여러분 **자신만의** 은밀한 수치심에 사로잡혀 깊은 두려움을 느낄 필요가 없다. 다른 이들과 마찬가지로, 여러분은 그저 본성상 믿음과 기도를 멀리하려는 성향을 지닌 한 사람의 죄인일 뿐이다. 하지만 우리에게는 기꺼이 죄인들의 친구가 되어 주셨던 분이 계신다!

그러면 우리 죄인들이 기도하는 데 도움을 주는 것은 무엇일까? 우리의 믿음은 무엇을 통해 더 자라날 수 있을까? 로마서 10:17에서 바울은 우리가 하나님의 말씀을 들을 때 믿음이 생겨난다고 언급한다. 우리의 믿음과 기도는 주님의 복음을 통해 시작된다.

신자들의 삶에서 성경과 기도가 자주 결합되는 이유는 바로 이 때문이다. 그렇기에 다니엘은 예레미야서를 읽고서 기도할 뜻을 품게 되었던 것이다(단 9:2). 우리의 믿음과 기도를 일깨우는 것은 곧 하나님의 말씀과 그 속에 담긴 그리스도의 은혜로운 메시지다. 따라서 우리가 매일 하나님과 나누는 교제 역시 기본적으로 말씀과 기도의 형태를 띠어야 한다. 이때에는 그리스도를 우리 앞에 모시고, 성경과 찬송, 서로의 대화를 통해 그분의 말씀을 듣는다. 함께 모여 주님을 높이 찬양하는 동안, 그분의 말씀을 마음속으로 되새기는 것

담대하게 기도하라

이다. 이때 우리는 우리의 눈을 여서서 주님의 아름다움을 보게 하시며, 우리 마음속에 그분을 향한 갈망이 다시 샘솟게 하시기를 부르짖는다. 그리하여 기도는 주님을 향한 우리 마음의 응답을 표현하는 통로가 된다.

우리는 말씀을 통해 영적인 숨을 들이쉬고, 기도로 그 숨을 내쉰다. 이처럼 영적인 숨을 들이쉬고 내쉬는 일을 이어 가는 것이 그리스도인의 삶이다. 기도는 하늘에 속한 생명의 호흡이다. 그래서 그 생명을 얻은 이들은 누구나 기도하게 된다. 어떤 이의 삶 속에서 그 생명이 풍성히 넘쳐날 때, 그는 **많은 시간을 쏟아** 기도하며 큰 **기쁨**을 누릴 것이다. 여기서 우리가 분명히 알아 둘 점이 있다. 바로 건강한 교회와 기독교의 진전은 우리의 인간적인 재능이나 노력에 의존하지 않는다는 것이다. 교회의 참된 생명은 기도를 통해 유지되며, 이는 곧 하나님께 적극적으로 의존하는 활동이다.

이제 기도의 원천인 하나님의 말씀을 살펴보자. 예수님은 이렇게 말씀하셨다. "너희는 이렇게 기도하라. 하늘에 계신 우리 **아버지**여⋯⋯." 기도하는 이들에게 예수님이 맨 먼저 알려 주신 것은 이 '아버지'라는 이름이었다. 그것이 가장 기본적인 기도의 교훈이기 때문이었다.

여러분은 하나님이 여러분 자신의 아버지이심을 알고

사역하는 마음

있는가? 만약 여러분이 마음으로 그리스도를 신뢰했다면, 그분은 진실로 여러분의 아버지가 되신다! 하지만 우리는 종종 하나님을 저 높은 하늘에 홀로 계시는 분으로 여기곤 한다. 하나님은 너무도 위대한 통치자이시기에 우리 같은 죄인들의 삶에 관여하지 않으신다고 믿는 것이다. 우리는 그분이 지극히 먼 곳에 계시다고 느끼며, 이와 동시에 우리 자신의 죄책을 자각한다. 그래서 감히 그분께 기도로 나아갈 마음을 품지 못한다. 하지만 실상은 그렇지 않다! 오히려 하나님은 너무도 위대하시기에, 우리 한 사람 한 사람의 사정을 온전히 헤아리며 살피신다.

복음에 따르면, 하나님은 그저 우리와 멀리 떨어진 채로 하늘에서 모든 일을 주관하시는 분이 아니다. 하나님은 자신의 아들이신 예수님을 보내어 우리를 그분 자신께로 다시금 인도하셨으며, 이는 우리를 자신의 양자로 삼으시기 위함이었다. 그리하여 예수님은 이제 그분의 형제자매인 우리들 가운데서 맏아들이 되시며, 우리는 하나님의 자녀가 되어 그분을 "아빠 아버지"로 부를 수 있게 되었다.

이에 관해 신학자 제임스 패커는 이렇게 언급했다. "어떤 이가 기독교를 바르게 이해하는지 알고 싶다면, 자기가 하나님의 자녀이며 그분이 자신의 아버지시라는 생각을 그

45

가 얼마나 중요시하는지 보면 된다. 만약 그 사람의 예배와 기도, 인생관 전체가 그 생각의 인도와 통제 아래 있지 않다면, 그는 기독교의 본질을 전혀 깨닫지 못한 상태에 있다고 볼 수 있다."[2]

패커의 말이 옳다. 이는 하나님을 **자신의** '아버지'로 부르는 것이 곧 복음을 바르게 깨달은 사람들의 특징이기 때문이다. 그들은 영원히 "아버지의 무릎에 앉아 계시는"(요 1:18, 저자의 번역) 성자 예수님이 우리 역시 그 자리에 이르도록 인도하러 오셨음을 이해하는 이들이다. 예수님의 사역을 통해, 이전에 하나님을 배척했던 우리들은 다시 그분의 풍성한 사랑 가운데로 들어가게 되었다. 그것은 예수님이 아버지의 품 안에서 늘 누려 왔던 사랑이며, 이제는 우리도 단순한 피조물이 아니라 하나님의 자녀로서 그 사랑 안에 거하게 되었다.

바울은 자신의 편지들에서 이렇게 언급했다. "너희가 아들이므로 하나님이 그 아들의 영을 우리 마음 가운데 보내사 아빠 아버지라 부르게 하셨느니라"(갈 4:6; 롬 8:15 참조). 여기서 여러분은 그가 어떤 낯선 단어를 썼는지 혹시 알아차렸는가? 바울은 자신의 모든 편지를 그리스어로 썼지만, 이 구절에서는 아람어 단어 하나를 삽입했다. '아빠'(Abba). 왜일까? 여기서 갑자기 그가 이 색다른 단어를 쓴 이유는 무엇인가?

사역하는 마음

성경에서 이 단어가 언급되는 또 다른 본문이 있다. 예수님이 십자가에 달리시기 전날 밤 동산에서 홀로 기도하셨던 일을 기록한 마가복음 14장을 살펴보자. 여기서 우리는 예수님이 성부 하나님과 은밀한 대화를 나누면서 그분을 "아빠 아버지"라고 부르시는 모습을 본다(36절). 이 점을 감안할 때, 우리는 바울의 의도를 어느 정도 헤아릴 수 있다. 그는 우리가 하나님의 자녀로 입양될 때, 성자 예수님이 성부 하나님과 함께 늘 누려 왔던 바로 그 관계 속에 들어간다는 점을 가능한 한 생생하게 보여주려 했던 것이다. 예수님이 늘 그래 오셨듯이, 이제 우리는 존귀한 자녀의 모습으로 성부 하나님 앞에 나아간다!

'아빠'. 이것은 예수님이 자신의 아버지이신 하나님을 부를 때 썼던 이름이다. 그리고 예수님은 우리도 그리하기를 원하셨다. 그것은 실로 친밀한 어조가 담긴 이름이다. 예수님은 우리 역시 어린아이의 친밀함과 신뢰, 사랑을 품고 하나님께 나아가기를 바라셨던 것이다.

우리 자신이 하나님의 사랑받는 자녀임을 알 때, 기도를 마치 하나님께로 나아가는 '공로의 사다리'처럼 여기지 않게 된다. 곧 그분의 호의를 얻기 위한 우리의 종교적 실천으로 간주하지 않게 되는 것이다. 기도는 우리가 하나님께 더 많이 받

47

아들여지기 위한 수단이 아니다. 오히려 기도를 통해 우리는 그분이 이미 베풀어 주신 은혜를 더 깊이 헤아리며 감사하는 자리로 나아간다. 이제 우리는 그리스도와 연합했으며, 그분 안에서 하나님의 소중한 자녀가 되었다. 아버지 하나님은 우리의 음성 듣기를 기뻐하시며, 우리의 기도를 제단의 값진 향처럼 여기신다. 우리의 기도 소리가 그분 앞에 아름다운 향기처럼 올라가는 것이다. 달리 말해, 그분은 우리의 간구에 기꺼이 응답하며 도움의 손길을 내밀고자 하신다.

장 칼뱅에 따르면, 우리는 '예수님의 입을 통해' 하나님께 기도하는 것이라고 할 수 있다. 성부 하나님은 사랑하는 아들인 예수님의 기도 듣기를 늘 기뻐하시며, 우리는 바로 그분의 이름으로 기도하기 때문이다. 성자 예수님은 우리로 자신의 이름 안에서 기도하게 하셨으며, 그리하여 우리는 '그분과 같은 모습으로' 기도하게 된다. 우리는 성부와 성자 하나님 사이의 교제에 참여하도록 부르심을 입었으며, 우리가 기도할 때 실제로 그 일이 이루어지는 것이다. 그렇기에 기도는 믿음의 실천이다. 이때 우리는 죄인인 우리 자신까지도 그분 앞에 나아갈 수 있다는 하나님의 놀라운 약속을 온전히 신뢰해야 한다. 지극히 높으신 하나님이 우리의 인자한 아버지가 되신다는 것을 믿음으로 받아들여야 한다.

사역하는 마음

그런데 마귀는 바로 이 지점에서 우리를 공격한다. 그는 우리 귀에 이렇게 속삭인다. "너는 기도할 수 없어! 거룩하신 하나님이 어째서 너 같은 죄인의 음성에 귀 기울이시겠어?" 그 속삭임을 믿지 말라. 우리가 기도하기 전에 무언가 준비가 필요하다고 생각하지 말라. 여러분의 죄가 중하거나 여러분 자신이 영적으로 너무 냉담해서 기도하기 어렵다고 느낀다면, 하나님께 자비를 구하고 부르짖으라. 우리는 그분이 계신 은혜의 보좌 앞에 나아가야 한다. 사랑이 많으신 아버지 하나님은 여러분의 기도를 반드시 들어 주실 것이다.

그럼에도 여전히 기도할 수 없다고 느낀다면, 주님의 십자가를 바라보라. 하나님은 그 십자가를 통해, 자신의 자녀인 우리의 기도를 들어 주실 것을 친히 보증하셨다. 우리는 기도할 때마다 그리스도의 보혈에 의지해야 한다. 그분이 우리의 죄를 대신 짊어지고 하늘 길을 열어 주셨음을 깨달으며, 그곳에서 드러난 그분의 깊은 사랑을 마음에 새겨 보라. 아직도 하나님이 우리의 기도 듣기를 원하신다는 사실을 의심할 수 있겠는가?

우리의 아버지이신 하나님께로 나아가야 한다. 그분은 우리의 기도를 듣고 응답할 것을 친히 약속하셨다.

이제 우리의 기도를 돕기 위한 예수님의 말씀 속에 있는

49

또 다른 단어를 살펴보자. 예수님은 이렇게 가르치셨다. "너희는 이렇게 기도하라. **하늘에 계신 우리 아버지여⋯⋯**." 이것을 통해, 우리는 인자하신 우리의 아버지 하나님이 또한 온 창조 세계를 다스리는 하늘의 왕이시며 만군의 주님이심을 알게 된다.

내가 재직 중인 유니언 신학교에는 기독교 지도자들을 양성하기 위한 박사과정이 마련되어 있다. 우리는 네덜란드 암스테르담의 자유대학교와 협력하여 이 과정을 제공한다. 자유대학교의 설립자는 위대한 칼뱅주의 신학자인 아브라함 카이퍼인데, 그는 20세기 초반에 네덜란드의 수상을 역임한 바 있다. 이 대학의 개교 기념 강연에서 카이퍼는 다음과 같이 유명한 말을 남겼다. "우리 인류가 살아가는 모든 영역 가운데서, **만물의** 주권자이신 그리스도께서 이렇게 선포하지 않으시는 곳은 단 1인치도 없다. '이곳도 나의 것이다!'"

진실로 이 우주 안의 모든 분자들이 하나님의 명령을 좇아 움직인다. 어떤 능력이나 권세도 그분의 통제를 벗어나는 것은 없다. 하나님은 이 세상의 전염병이나 위기 때문에 근심하지 않으신다. 그 모든 일을 친히 주관하시며, 그분 자신의 영광을 위해 사용하시기 때문이다. 우리가 하나님께 기도할 때, 우리의 아버지이신 그분이 모든 간구에 응답하실 것

사역하는 마음

을 확신하며 나아갈 수 있다. 그분이 만물을 다스리시기 때문이다.

자신의 찬송가 「기도에 힘쓰라」에서, 존 뉴턴(18세기 영국의 찬송시 작가—옮긴이)은 이 진리를 이렇게 표현했다.

왕이신 주 앞에 나아가네
큰 간구의 제목들을 가지고 나아가네
그분의 은혜와 능력이 지극히 크시니
어떤 간청도 무리한 것이 될 수 없다네[3]

물론 나는 존 뉴턴을 직접 만난 적이 없다. 하지만 이전에 나는 목회자요 신학자인 존 스토트와 함께 사역하며 책을 쓰는 특권을 누렸다. 한번은 스토트가 자신의 휴가 때에 어느 작은 마을 교회의 예배에 참석했던 일을 언급한 적이 있다. 당시 그가 경험한 일은 이러했다.

이윽고 목회 기도의 시간이 왔을 때, 한 평신도 형제가 기도를 인도했습니다. 당시 그 교회의 목회자는 휴가 중이었거든요. 그 형제는 그 목회자가 좋은 시간을 보내기를 기도했는데, 그건 나쁘지 않았습니다. 목회자들도 좋은 휴가를

담대하게 기도하라

누려야 하니까요. 둘째로 그는 임신 중인 교회의 한 여성도가 무사히 출산하기를 기도했는데, 그것도 괜찮았습니다. 그런데 그 다음에 그는 다른 여성도의 병이 낫기를 구하고는 곧바로 기도를 마쳤습니다. 그 기도가 다 끝나기까지는 겨우 20초 정도밖에 걸리지 않았지요. 그때 나는 이렇게 생각했습니다. '이 마을 분들이 믿는 하나님은 이 마을에만 갇혀 계시는군.'[4]

기독교회의 성도들은 종종 두려움 없는 믿음을 품은 이들로 알려져 왔다. 그들은 불가능해 보이는 상황 속에서도 담대하게 하나님께 큰일들을 구했기 때문이다. 주님은 그들의 기도에 복을 주셨다. 이제 나는 여러분도 그 믿음을 잃지 말 것을 권면하고 싶다. 부디 여러분의 마음속에 있는 '작은' 하나님께 사소하고 하찮은 일들을 아뢰는 데 안주하지 말라. 세상 사람들처럼 깊은 불안과 염려에 빠져 여러 중요한 문제들을 회피해 버리는 모습을 보이지 않기 바란다. 우리의 아버지 하나님은 그저 작고 하찮은 영역에만 갇혀 계신 분이 아니기 때문이다.

여러분 스스로 돌볼 수 있는 사적인 일을 위해 기도하는 데에만 마음을 쏟지 말라. 우리가 믿고 따르는 하나님은 온

사역하는 마음

우주의 왕이시며, 우리는 그분 앞에 큰 간구의 제목들을 가지고 나아갈 수 있다. 우리가 하나님의 어떠하심을 깊이 깨달을 때, 그분이 행하실 일들을 더 많이 기대할 것이다. 그리고 그 기대가 더 크게 자라날 때, 우리는 그분에게서 더 많은 것을 받을 것이다.

우리가 기도할 때 기도의 행위 자체에 마음을 써서는 안 된다. 오히려 우리의 기도를 들으시는 하나님께 집중해야 한다. 우리가 그 앞에 나아가는 주님이 어떤 분이신지를 기억하라. 눈을 들어 하늘에 계신 아버지 하나님의 놀라운 주권을 바라볼 때, 우리는 더욱 크고 넓은 마음으로 기도하게 될 것이다. 그분은 우리의 작고 개인적인 영역 속에만 갇혀 있지 않으신다.

예수님은 우리에게 기도를 가르치실 때, 또 하나의 중요한 단어를 사용하셨다. "너희는 이렇게 기도하라. 하늘에 계신 **우리** 아버지여……." 하나님은 하늘에 계신 **우리** 아버지시다. 그분은 그저 '나의' 아버지가 아니라 **우리의** 아버지가 되신다.

혹시 여러분은 마태복음 9:36-38의 말씀을 묵상하면서 의아하게 여긴 적이 있는가? 그 본문은 이러하다. "[예수님이] 무리를 보시고 불쌍히 여기시니 이는 그들이 목자 없는

담대하게 기도하라

양과 같이 고생하며 기진함이라. 이에 제자들에게 이르시되 추수할 것은 많되 일꾼이 적으니 그러므로 추수하는 주인에게 청하여 추수할 일꾼들을 보내 주소서 하라 하시니라."

여기서 예수님은 왜 제자들에게 이 기도를 당부하셨을까? 분명히 그분이 직접 그 일을 위해 기도하실 수 있었을 것이다. 그리고 예수님이 드리는 단 한 번의 기도가 제자들의 모든 기도보다 더 능력 있지 않았을까? 하지만 예수님은 제자들이 그 기도에 참여하기를 바라셨다. 예수님은 제자들이 그분 자신의 깊은 관심사를 함께 품고 기도하며, 그분의 사역에 동참하기를 원하셨던 것이다.

우리가 기도할 때 바로 그런 일이 일어난다. 우리는 성부와 성자 하나님 사이의 교제에 참여하며, 이 세상을 향한 그분의 사역에 동참하게 된다. 우리는 예수님과 함께 이렇게 기도한다. "우리 아버지여." 이 기도는 실로 깊은 확신을 가져다준다!

우리가 기도할 때 하나님을 '**우리** 아버지'로 부르는 이유는 우리로 **함께** 모여 그분의 **가족**을 이루게 하시기 때문이다. 우리가 함께 기도할 때, 이 땅에 작은 천국이 임한다. 우리는 하나님의 보좌 주위에 둘러서서 그분을 높이게 된다. 이 일은 우리가 아버지 하나님 앞에 모여 한 마음으로 무릎

사역하는 마음

꿇을 때마다 이루어진다.

우리가 서로를 위해 기도할 때, 서로를 향한 사랑이 더욱 깊어져 간다. 이때 우리는 하나님의 가족에 속한 이들 사이의 교제가 더 풍성해짐을 체험한다. 이를 통해 우리는 예수님이 자신의 목숨을 주신 이유가 되었던 그 공동체를 드러내는 것이다. 그 공동체는 바로 전 세계에 걸쳐 있는 하나님의 가족이다. 그 안에 있는 우리는 예수님의 보혈로 연합되었으며, 한 성령 안에 거한다. 우리는 모두 하나님이 계신 주권적인 은혜의 보좌를 바라보며 사모하는 이들이다.

우리가 기도할 때, 우리 자신이 세상 사람들과는 전혀 다름을 온 세상 앞에 보여준다. 우리는 아무 도움의 손길도 얻지 못한 채로 불안과 염려에 떠는 이들이 아니다. 우리는 홀로 남겨진 채 스스로 자신을 지키며 축복해야 하는 이들이 아니다. 이 세상에서 우리는 혼자가 아니며, 정말 우리의 간구를 들어줄지 알 수 없는 멀리 떨어진 신에게 절망적인 하소연을 늘어놓아야 하는 처지에 있지 않다. 우리는 담대한 확신과 기쁨으로 하나님 앞에 나아가며, 두려움 없는 믿음으로 이렇게 기도한다. "하늘에 계신 우리 아버지여." 인자하신 아버지 하나님은 그분을 찾는 모든 이들에게 가까이 계신다. 그리고 그 하나님은 온 세상을 통치하는 만유의 주재시다.

담대하게 기도하라

겸손을
추구하라

아무 일에든지 다툼이나 허영으로 하지 말고 오직 겸손한
마음으로 각각 자기보다 남을 낫게 여기고(빌 2:3).

기독교적인 온전함의 핵심에는 겸손이 있다.

지난 몇 년 동안 여러 지도자들의 교만한 언행과 권력
다툼으로 기독교의 이름이 더럽혀져 온 일들을 생각할 때,
이 말은 다소 공허하고 황당하게 들릴 수도 있다. 사실 이런
현상은 사람들의 관심을 집중시키는 사건들에서만 드러나
는 것이 아니다. 우리 복음주의자들은 말씀의 사람들이기에,
그 내용을 늘 배우고 익힌다. 하지만 그 배움은 쉽게 교만으
로 이어진다. 우리는 하나님의 진리를 소유하고 있음을 확신
하지만, 그 믿음은 어느덧 다른 이들의 흠을 찾아내려는 바
리새적인 태도로 변질된다. 그리하여 많은 이들이 우리 곁을
떠나 다른 곳에서 안식처를 찾는다.

존 스토트에 따르면 "복음주의 신앙에서 가장 중요시하
는 성품은 바로 겸손이다." 하지만 그는 다음의 사실을 인정
했다. "복음주의 신자들은 종종 오만하고 독선적이며 허영심
에 찬 이들로 여겨진다."[1]

그러면 복음을 따르는 이들이 실제로 품어야 할 삶의 자
세는 무엇일까? 그 답은 다음의 말씀에서 찾을 수 있다. "그

겸손을 추구하라

는 흥하여야 하겠고 나는 쇠하여야 하리라"(요 3:30). 복음 안에는 살아 계신 삼위일체 하나님의 영광이 계시되어 있다. 그분의 빛 아래 놓일 때, 한낱 피조물이며 죄인인 우리 자신이 얼마나 하찮고 비참한 존재인지를 깨닫는다.

빌립보서 2:1-13에서는 진정한 사역과 리더십의 핵심에 놓인 겸손의 비밀을 우리 앞에 보여준다.

첫째로, 여기서 바울이 그리스도를 우리 앞에 제시하는 목적은 우리로 그분께 경배하도록 하려는 데 있다. 이 점은 바울의 어법을 통해 명확히 드러난다. 이 본문에서 그는 그리스도의 겸손을 묘사함으로써 편지의 수신자들에게 깊은 마음의 감화를 주고자 한다. 하늘의 위대한 왕이신 주님이 우리를 위해 겸손히 십자가에 달리셨다는 이 말씀을 읽을 때, 우리는 기꺼이 그 앞에 무릎 꿇고 경배하며 그분의 마음을 본받게 된다.

이것이 바로 '좋은 신학'이다! 여기에 참된 기독교 사역의 핵심이 있다. 물론 우리는 지적인 방식으로 말씀을 배우고 익히는 데서도 기쁨을 얻는다. 하지만 성경에서 제시되는 그리스도에 관한 지식들을 우리의 머릿속에 채워 넣는 동안에도, 우리는 그저 지적인 배움 그 자체를 위해 공부하는 것이 아니다. 오히려 우리는 존귀한 그리스도의 모습을 늘 되

58

새기며, 이를 통해 그분 앞에 찬양과 경배를 드리는 자리로 나아가야 한다.

내가 학생들에게 늘 추천하는 작은 책이 있다. 헬무트 틸리케의 『신학을 공부하는 이들에게』(*A Little Exercise for Young Theologians*)다. 이 책에서 틸리케는 젊은 신학생들이 이른바 '신학적 사춘기'라는 다소 고약한 시기를 거치기 쉽다고 언급한다. 그것은 여러분이 신학교에서 얼마간 공부한 뒤, 자신의 가족과 벗들보다 성경과 신학을 더 많이 알고 있음을 발견하는 시기다. 이때 여러분의 지식은 고향의 성경 공부 모임 안에 있는 이들을 전부 능가하며, 여러분은 강한 신학적 흥분을 맛보게 된다.

대학교 2학년 학생들을 지칭하는 데 가끔 쓰이는 멋진 단어가 있다. 그것은 바로 '소포모어'(sophomore)다. 이 단어의 어원은 서로 결합된 두 개의 그리스어 단어에서 유래했는데, '지혜로운'을 뜻하는 소포스(*sophos*)와 '어리석은'을 뜻하는 모로스(*moros*)가 그것이다. (따라서 '소포모어'는 '지혜로운 바보'를 가리킨다.) 1년간의 학업을 마친 후, 그들은 자신이 마치 신학적 천재인 것처럼 느낀다. 그들 자신에게 누구보다 더 해박한 지식과 분별력이 있다고 믿는 것이다. 하지만 그들은 자신의 변변찮은 지식 때문에 상당한 오해와 착각에 빠져 있

겸손을 추구하라

을 뿐이다. 그들은 스스로 생각하듯 참된 지혜를 얻은 상태에 있지 않다. 그들은 여전히 자신만의 어리석은 생각 속에 갇혀 있다.

혹시 여러분의 마음속에 자신을 드러내고 과시하는 성향이 있다면, 그릇된 길에 빠지지 않도록 깊이 주의해야 한다. 그런 교만은 여기 빌립보서에서 묘사되는 그리스도의 성품과 정반대되기 때문이다. 그분은 지극히 큰 권세를 지녔지만 자신의 지위를 내세우지 않으셨다. 오히려 다른 이들의 유익을 위해 자기 생명을 내어 주셨다. 이를 통해 그리스도는 진정한 사역의 본질을 드러내셨다. 그러나 우리가 그리스도와 상반되는 방식을 좇는다면, 그분을 진정으로 섬길 수가 없다.

청교도들은 목회자의 삶 속에서 드러나는 '기품' 또는 인격적인 분위기의 중요성을 강조했다. 그것은 우리가 놓치기 쉬운 특질이며, 그들이 그 부분에 관심을 품은 것은 현명한 일이었다. 그들은 어떤 목회자의 외적인 역량과 은사만이 그 사람의 사역에 영향을 미치는 것이 아님을 알았다. 이는 그 목회자의 내적인 **성품**을 통해, 그의 삶 전반을 지배하는 인격적인 분위기가 생겨나기 때문이다. 주위 사람들이 그 분위기가 어떤 것인지 정확히 지적하지는 못해도, 그 분위기를

사역하는 마음

어느 정도 감지할 수는 있다. 목회자의 친절함과 인내, 또는 교만과 조급함은 그의 가르침에 담긴 내용만큼이나 각 교회의 분위기를 형성하는 데 깊은 영향을 끼친다.

이런 여러 인격적인 특질 가운데 특히 해로운 것은 바로 교만이다. 물론 신학 공부로 부름받은 이들이 학문적인 역량을 추구하는 것은 지극히 당연하다. 하지만 여기서 중요한 것은 그 역량의 **원천**이 어디에 있느냐다. **자신의 힘으로** 성과를 쌓은 사람들은 고난받는 구주의 복음을 선포하기가 어렵다. 그들은 스스로도 유능한 이들이기에, 자신을 향한 그리스도의 자비가 얼마나 깊은지를 미처 헤아릴 수 없기 때문이다. 그들 자신의 탁월함이 그리스도의 길을 가로막는 것이다.

하나님이 죄인들의 삶 속에서 맨 먼저 행하시는 은혜의 사역은 바로 그들의 옛 자아를 꺾으시며 자만심과 미혹에 빠진 그들의 자기 확신과 자기애를 허무는 일이다. 이때 우리는 본성적으로 자신의 죄책을 회피하는 성향, 곧 모든 책임을 다른 이에게 떠넘기고 애써 자신을 변명하며 합리화하는 모습들을 내려놓는다. 이때 우리는 자기중심적인 삶의 자리에서 벗어나, 오직 그리스도만을 신뢰하며 더 이상 자신의 힘에 의지하지 않는다.

이처럼 옛 자아의 옷을 벗어던질 때, 우리는 비로소 주

겸손을 추구하라

님이 주시는 참된 의와 아름다움으로 옷 입을 수 있다. 주님이 비추시는 은혜의 빛을 통해, 우리의 삶이 깨끗게 될 필요가 있음을 온전히 깨닫게 된다.

하나님이 우리에게 그리스도를 아는 지식을 베푸신 목적은 그저 우리의 머릿속에 그 내용을 가득 채우시는 것이 아니었다. 우리가 그 지식을 과시하며 뽐내게 하시려는 것은 더욱 아니었다. 오히려 그분의 목적은 우리의 마음과 성품을 변화시키는 것이다. 그러므로 우리가 추구하는 모든 앎의 최종 목표는 하나님을 사랑하며 그분을 더 닮아 가는 것이다.

하지만 우리는 자칫 각 사람이 그리스도를 닮은 모습으로 자라 가는 일의 중요성을 그저 입술로만 강조할 수 있다. 그럴 때 우리는 다른 이들 앞에서 자신의 지식을 과시하며 영향력을 행사하는 일에만 관심을 쏟는다. 이 경우에는 차라리 공부를 멈추는 편이 최선이다. 이때 우리는 본질상 사탄적인 교만을 온 세상 앞에 드러내게 되기 때문이다. 이는 그리스도의 길과는 완전히 상반되는 일이다.

여기서 우리는 이 장의 두 번째 요점으로 넘어간다. 그 요점은 이러하다. '바울이 빌립보서 본문에서 그리스도의 모습을 이렇게 묘사하는 이유는 우리의 마음과 삶을 변화시키기 위함이다.' 구체적으로 그는 우리가 그분의 겸손을 본받

62

기를 권면한다(빌 2:5). 바울의 이 권고는 모든 그리스도인들을 향한 것이지만, 특히 높은 지위와 권세를 지닌 이들에게 꼭 필요한 성격을 띤다.

교회 공동체에서는 신학 훈련을 받은 이들이 종종 높은 위치에 오른다. 신학교의 학업을 마치거나 더 많은 지식을 습득할 때 여러분은 더 큰 힘과 지위를 얻을 것이 분명하다. 사람들은 여러분을 다른 이들보다 더 높은 자리에 앉히려고 할 것이다.

이때 우리는 어찌해야 할까?

성공에는 우리 마음을 사로잡는 강한 힘이 있다. 만약 여러분이 그것을 얻으려고 열심히 애쓴다면, 대개는 어느 정도 이름을 알릴 것이다. 그런데 교회의 역사에는 탁월한 은사를 지녔지만 그에 합당한 성품이 없어서 몰락하고 만 지도자들의 이야기가 가득하다. 이들은 **처음에** 그리스도를 향해 뜨거운 사랑과 열심을 품고 사역에 헌신했던 이들이다. 그들은 여러 기회를 얻고 사람들에게 칭송을 받았으며, 높은 위치까지 올라갔다. 하지만 결국 그들에게는 자신의 힘과 지위를 제대로 다룰 만한 성품이 없음이 드러난 것이다.

여러분이 성경과 교회사, 교리에 관한 지식을 쌓아 갈 때, 다양한 사역의 기회를 얻어서 영향력을 발휘하며 사람들

검손을 추구하라

의 칭찬을 듣게 될 것이다. 여기서 문제는 '과연 그런 일이 실제로 일어날까?' 하는 데 있지 않다. 오히려 우리가 미리 숙고해 볼 문제는 바로 이것이다. '그런 상황이 닥쳐올 때, 그리스도를 본받는 섬김의 마음으로 내게 맡겨진 역할을 적절히 소화하려면 어떻게 해야 할까?' 우리에게 더 큰 위치가 주어질수록 우리는 더욱 겸손해져야 한다. 그래야만 자신의 힘을 남용하려는 유혹에 빠져 몰락하는 일을 피할 수 있다.

만일 여러분에게 큰 은사와 재능, 영향력이 있다면 세상에서 여러 선한 일을 행할 수 있다. 하지만 이와 동시에 세상에 더 많은 해를 끼칠 수 있는 것도 사실이다. 이때 어느 길로 나아가게 될지는 여러분 자신이 누구의 마음을 본받느냐에 달려 있다. 여러분은 그저 자신의 인간적인 마음이 이끄는 대로 따라갈 것인가? 아니면 본성상 하나님과 동등한 위치에 있으면서도 스스로를 비우고 낮추셨던 그리스도 예수의 마음을 좇을 것인가? 이 질문 앞에서 어떤 태도를 취하느냐에 따라, 여러분은 세상에 큰 유익을 끼치거나 반대로 큰 해를 끼칠 수도 있다. 특히 여러분 자신이 타고난 야심가라고 느끼는 경우, 심각한 문제가 생기기 전에 자신의 교만을 미리 쳐서 복종시켜야 한다. 그 문제는 조금씩 서서히 자라날 수도 있고, 갑작스러운 파국처럼 찾아올 수도 있다.

사역하는 마음

안타깝게도 오늘날 교회 지도자들 가운데는 교만과 그 결과물인 힘의 남용이 만연하다. 많은 지도자가 자신의 유익만을 구하며, 권력 다툼과 다른 이들을 조종하는 일에 몰두한다. 이처럼 그리스도를 전혀 닮지 않은 지도자들이 그분의 백성에게 끼치는 폐해는 실로 헤아릴 수 없다.

실제로 우리 자신이 처한 삶의 정황 속에서도 이런 모습을 뚜렷이 볼 수 있다. 우리는 모두 존경받던 교회 지도자들이 갑자기 몰락하는 모습을 보며 개탄한 경험이 있다. 그런데 그 몰락 이전에 그들의 언행과 태도 가운데서 미리 그 문제점을 알아차리기는 그리 쉽지 않다. 물론 우리가 아직 어려서 그런 힘이 없는 경우, 오만하게 뽐내며 군림하는 지도자들의 모습을 금세 알아차리고 비판할 수 있다. 하지만 여기서 우리 눈에 드러나는 그들의 겉모습만이 문제의 전부는 아니다. 오랜 세월에 걸쳐 그들의 마음속에 자리 잡은 악한 성품이 그 핵심에 있다. 사람들의 눈에 뚜렷이 드러나기 전부터 그들의 깊은 마음속에서 이미 도덕적 타락이 계속 진행되어 온 것이다. 이런 일들은 우리 각 사람의 마음속에서도 일어날 수 있다.

우리는 교회의 존귀하고 으뜸가는 지도자이신 그리스도께 시선을 고정해야 한다. 그분의 겸손이 얼마나 귀하고

겸손을 추구하라

값진 것인지를 깨닫고, 우리도 그분처럼 겸손한 지도자가 되기로 결단해야 한다. 겸손하고 온유하신 그분의 모습을 깊이 사랑하며, 우리 자신의 교만을 쳐서 복종시켜야 한다. 교만한 이들은 자신의 목적을 달성하기 위해 다른 이들을 교묘하게 이용하며, 그럼으로써 주위 사람들의 삶에 심각한 해를 끼치고 그리스도의 이름을 더럽히기 때문이다.

여기서 내 말뜻을 오해하지 말기를 바란다. 내 말은 여러분에게 주어진 영향력과 기회를 오용할 수 있으므로 그런 일들을 모두 회피하고 거부해야 한다는 것이 아니다. 그렇지 않다. 오히려 우리는 열심히 배우고 익혀서 마침내 신학적인 성숙에 이르며, 온 힘을 다해 그리스도를 전파해야 한다. 우리 앞에 주어진 기회들을 온전히 활용해야 한다. 하지만 이와 동시에 자신의 영광을 위해 애쓰는 쪽으로 우리 마음이 미묘하게 변질되지는 않는지 스스로 주의 깊게 살펴야 한다는 것이다.

이 지점에서 여러분은 이런 의문을 품을지도 모른다. '하지만 그리스도의 신부인 교회는 원대한 변혁의 비전을 품어야 하지 않습니까? 그리스도의 이름을 널리 전하려는 깊은 갈망이 낮고 겸손한 자세와 어떻게 조화될 수 있을까요?'

그런데 이 질문 자체에 우리의 요점이 담겨 있다. 곧 우

사역하는 마음

리가 중요시해야 할 분은 바로 **그리스도** 자신이라는 것이다. 우리는 우리에 대한 주위 사람들의 평가나 비판, 지적에 초점을 두지 말고, 오직 하나님이 행하시는 일에 집중해야 한다. 물론 우리가 그들의 말에 귀 기울이며 그들의 견해를 숙고해야 하는 것 역시 옳다. 교회를 돌보는 사역자는 교우들의 마음을 잘 헤아려야 하기 때문이다. 하지만 우리의 자랑은 우리의 업적을 다른 이들이 인정해 주는 데서 오는 것이 아니다. 그 자랑은 오직 주님의 십자가로부터 온다.

빌립보서 2장의 핵심 권면은 5절에 담겨 있다. 그런데 이에 앞서 3절과 4절에서는 그 가르침의 주된 맥락을 제시한다. "아무 일에든지 다툼이나 허영으로 하지 말고 오직 겸손한 마음으로 각각 자기보다 남을 낫게 여기고 각각 자기 일을 돌볼뿐더러 또한 각각 다른 사람들의 일을 돌보[라]."

여기서 바울은 신자 개개인뿐 아니라 그리스도의 몸 전체를 향한 자신의 소망을 드러낸다. 사실 이 둘 사이에는 긴밀한 상호 관계가 자리 잡고 있다. 만일 우리에게 그리스도를 본받는 섬김의 마음이 없다면, 그저 자신의 일에만 몰두하면서 다른 이들의 삶에 대해서는 무관심한 태도를 취할 것이다. 이때에는 남보다 한 발 앞서는 데만 힘을 쏟는 지극히 해로운 문화가 생긴다. 여기서 신학생들은 특히 현재의 성적

겸손을 추구하라

평가 방식이 지닌 위험성을 염두에 둘 필요가 있다. 학교의 성적 평가는 여러분 자신의 현재 수준을 분별하도록 돕고, 더욱 탁월한 수준을 향해 나아가도록 격려하는 데 그 목적이 있다. 이는 실로 선하고 중요한 목적이다. 하지만 우리는 모두 죄인이기에, 그 평가 방식에 근거해서 서로 무익한 경쟁을 이어 가거나 점점 더 교만한 마음을 키울 수 있다.

여러분은 그런 위험에서 벗어나야 한다! 자신의 학업을 잘 감당하려고 노력하되, 주위의 형제자매를 **앞지르려는** 마음을 품지는 말라. 오히려 우리는 다른 이들의 삶을 돌아보는 문화를 가꾸어야 한다. 어떤 형편에 처하든지 늘 서로를 격려하면서 따스한 교제를 나누도록 노력하라. 그럴 때 우리는 그리스도의 영광을 위해 함께 분투하는 믿음의 공동체를 이루어 갈 것이다. 우리의 이 공동체는 외부의 사람들에게도 점점 더 선한 영향력을 끼치며, 이를 통해 미래 세대의 교회를 이끌 지도자들이 더욱 힘을 얻을 것이다.

공동체에 관한 또 다른 진리는 바로 이것이다. '우리 각 사람의 교만이 공동체를 망치지만, 반대로 공동체는 우리의 교만을 바로잡아 줄 수 있다.' 이 일에서 우리는 서로에게 힘이 될 수 있다. 내가 대학 시절에 얻은 최고의 선물 중 하나는 친한 벗 두 사람이었다. 지금도 우리 셋은 1년에 세 번씩 만나서 서로의 영적인 상태를 점검한다. 그들과 나누는 대화는 내게 늘 깊은 생명과 안식의 통로가 되어 주었다. 나는 여러분 모두 그런 벗들을 만나게 되기를 바란다. 학업을 이어 가는 동안 친밀한 교우 관계를 구축해야 한다. 우리를 진실로 아껴 주는 친구들, 우리가 혹시라도 그릇된 길로 갈 때 정직하게 충고해 줄 수 있는 친구들이 꼭 필요하다.

여기까지 우리는 빌립보서 2:1-13의 두 가지 요점을 살폈다. 바울이 우리에게 그리스도의 겸손을 본받도록 권면한다는 것(5-11절)과 우리가 서로 그 일을 돕고 격려할 수 있다는 것(3-4절)이었다. 이제는 이 본문의 양쪽 끝부분에서 다루는 '어떻게'의 문제를 숙고해 보려고 한다. 바울에 따르면 우리는 어떻게 달라질 수 있을까? 우리가 지독한 교만과 이기적인 야심을 버리고 그리스도를 닮은 마음을 품으려면 어떻게 해야 할까?

1절의 말씀은 이렇게 시작된다. "그러므로 그리스도 안에 무슨 권면이나 사랑의 무슨 위로나 성령의 무슨 교제나 긍휼이나 자비가 있거든……." 여기서 바울이 가르치는 바는 무엇일까? 그것은 곧 우리 각 사람의 인격적인 변화가 그리스도를 아는 지식을 통해 시작되고 끝난다는 것이다. 그 변화는 그분을 아는 지식이 주는 위로와 격려에서 생겨난다. 우리의 본

69

겸손을 추구하라

성에는 그리스도를 닮아 가도록 스스로를 인도할 능력이 없다. 오직 성령님이 우리의 눈을 열어 그리스도를 바라보게 하실 때, 우리는 비로소 그분을 닮기를 갈망하게 된다. 이때 우리는 그리스도의 사랑과 겸손이 우리의 옹졸하고 이기적인 태도보다 무한히 더 값진 것임을 깨닫기 때문이다.

그리스도를 아는 이들은 그분을 기뻐한다. 여러분은 어디에서 참된 기쁨을 찾는가? 만일 여러분 자신에게서 그 기쁨을 구한다면, 거짓 기쁨을 얻을 뿐이다. 우리 자신을 참 기쁨의 원천으로 여기는 일은 일종의 자기기만이다. 그러나 하나님을 진실로 기뻐하며 그 발아래 엎드려 경배할 때, 우리는 마침내 천성적인 교만을 내려놓는다.

그렇기에 바울은 우리 앞에 그리스도의 겸손하신 모습을 보여준다. 그는 우리도 그분을 닮아 가기를 바라면서 이렇게 권면한다. '그리스도를 바라보라!' 그분이 진실로 우리의 모든 필요를 채우시며 경이로운 일들을 행하시는 분임을 깨달을 때, 우리 자신의 모든 교만을 내려놓게 되기 때문이다. 12절에서 바울이 언급하는 바에 따르면, 이는 곧 우리의 구원을 "이루[어 가는]" 일이다.

참으로 겸손하며 그리스도를 닮은 기독교 지도자들을 만날 때에도, 이런 일을 얼마간 경험하게 된다. 그것은 실로

사역하는 마음

감동적인 체험이며, 우리 마음에 진한 인상을 남긴다. 그들의 삶에 생생히 깃든 주님의 아름다움을 헤아릴 때, **우리 자신도** 그 모습을 본받으려는 마음을 품는다. 이처럼 한 사람의 겸손이 다른 이의 겸손을 불러오는 것이다. 그렇다면 우리가 그리스도께 시선을 고정할 때, 얼마나 더욱 겸손한 이들이 되겠는가!

십자가에서 죽기까지 자신을 낮추신 그리스도의 모습을 바라볼 때, 이 진리가 가장 뚜렷이 드러난다. 주님의 십자가 아래서 우리의 죄가 밝히 드러나며, 이는 우리 옛 사람의 죽음을 의미한다. 그곳에서는 하나님의 은혜 역시 드러나는데, 이는 우리가 주 안에서 새 생명을 얻게 되었기 때문이다. 우리 자신이 얼마나 큰 죄인이었는지 깨달을 때, 그 은혜를 더욱 풍성히 누릴 수 있다. 하지만 우리가 그런 자였음을 잊어버릴 경우, 더는 하나님의 은혜 앞에서 깊은 경이감을 품지 않는다. 우리의 영적인 상태를 분별하는 데 도움을 주는 질문은 바로 이것이다. '여러분은 지금도 그분의 은혜 앞에서 경이감을 느끼는가?' 하나님의 은혜를 깊이 경험한 이들은 더 이상 자신이 죄인임을 잊으려 들지 않는다. 이는 그 죄에 대한 깨달음을 통해, 그분이 베푸신 자비의 위대함을 더욱 생생히 누리기 때문이다.

겸손을 추구하라

주님의 십자가 앞에서, 우리 안에 있는 정직한 성품이 회복되어 간다. 우리가 그곳을 떠나 헤맬 때에는 헛된 자만심과 자기기만이 마음속에 은밀히 파고들어 온다. 하지만 그 십자가로 다시 돌아갈 때, 우리는 더 이상 자신의 본 모습보다 더 완벽하거나 나은 사람인 척 꾸미려 들지 않는다. 이는 하나님의 은혜가 오직 실패한 죄인들을 위한 것임을 알기 때문이다.

십자가 앞에 설 때, 우리의 마음속에서 은혜로운 성품이 자란다. 이는 우리가 그분의 은혜를 입었기 때문이다. 그곳에서 우리는 실족한 이들을 향한 긍휼의 마음을 품는다. 그곳에서 우리는 거짓된 교만을 떨쳐 버리며, 다른 이들의 번영을 위해 힘쓴다. 주님의 십자가 아래 서 있을 때, 우리는 더 이상 다른 이들을 내리누르거나 온갖 경쟁에 시달릴 필요가 없다. 오히려 주위 사람들의 은사가 풍성히 열매 맺기를 바라게 된다.

이제 다음의 말로 이 장의 논의를 맺으려 한다. '하나님이 우리에게 힘을 주신 뜻은 **다른 이들을 섬기게** 하시려는 데 있다.' 여기서 잠시 올리버 크롬웰(17세기 잉글랜드의 중요한 군인이자 정치가였던 인물―옮긴이)의 표현을 빌리자면, "내가 그리스도의 심장으로 간절히 당부하노니(I beseech you in the bowels

사역하는 마음

of Christ), 부디 그리스도 안에서 자라 가는 데 힘쓰라." 그리고 이 일을 위해서는 주님의 십자가를 늘 붙들어야 한다.

겸손을 추구하라

우정을
소중히
하라

5

두 사람이 한 사람보다 나음은 그들이 수고함으로 좋은 상을 얻을 것임이라. 혹시 그들이 넘어지면 하나가 그 동무를 붙들어 일으키려니와 홀로 있어 넘어지고 붙들어 일으킬 자가 없는 자에게는 화가 있으리라. 또 두 사람이 함께 누우면 따뜻하거니와 한 사람이면 어찌 따뜻하랴. 한 사람이면 패하겠거니와 두 사람이면 맞설 수 있나니 세 겹 줄은 쉽게 끊어지지 아니하느니라(전도서 4:9-12).

오늘날 우리는 모두 토머스 칼라일의 지적인 영향력 아래서 살아가고 있다. 그는 19세기의 위대한 역사가이자 지성인으로서, '역사의 위대한 인물들'(great men of history) 이론의 주창자로 유명하다. 그는 자신의 이론을 이렇게 설명한다.

인류의 보편적인 역사, 곧 이 세상에서 인간이 성취해 온 일들의 역사는 사실상 그 가운데서 활동했던 위대한 인물들의 이야기였다. 이 인물들은 온 인류의 지도자이자 모범이었으며, 넓은 의미에서는 대중들이 행하려고 애쓴 일들을 실제로 이루어 낸 사람들이었다. …… 세계사의 모든 시기에, 이 위대한 인물들은 그 시대에 꼭 필요한 구원자의 역할을 감당했다. 이들은 마치 강한 번개처럼 자신의 시대

우정을 소중히 하라

를 강타했으며, 그들 없이는 역사 발전의 연료가 타오를 수 없었다. 앞서 말했듯이, 세계의 역사는 곧 그 위대한 인물들의 일대기다.[1]

달리 말해, 로마의 카이사르나 샤를마뉴 대제, 나폴레옹과 조지 워싱턴 등이 인류 역사의 흐름을 인도하며 빚어 왔다는 것이 칼라일의 관점이다. 사실 인간의 역사 **자체가** 그런 인물들의 이야기라는 것이다. 우리의 생각 역시 플라톤과 뉴턴, 니체와 다윈, 마르크스 등의 위대한 사상가들에 의해 빚어졌다는 것이 그의 견해다. 어쩌면 우리 그리스도인들이 교회사와 역사신학을 이해해 온 방식도 칼라일의 주장을 뒷받침하는 증거로 쓰일 수 있다. 때로 우리는 교회사와 역사신학을 신학과 목회 분야의 거인들에 대한 연구로 여기기 때문이다. 아타나시우스나 아우구스티누스, 아퀴나스와 루터, 칼뱅과 조나단 에드워즈 등이 그런 인물들이다.

분명히 말하자면, 나는 이런 인물에 관한 연구를 무척 좋아한다. 그리고 여러분이 교회사를 진지하게 공부하는 학생이라면, 여러분 역시 그럴 것이다! 하지만 이런 접근 방식에는 한 가지 위험성이 존재한다. 교회의 진보에 영향을 미친 요인은 그저 '위대한 인물들'의 업적일 뿐이라고 믿을 수

사역하는 마음

있기 때문이다.

이것은 단지 과거의 역사를 살필 때만 찾아오는 유혹이 아니다. 지금의 교회도 '위대한 인물들'을 숭상하는 문화에 사로잡힐 수 있다. 오늘날 여러 컨퍼런스에 단골로 참석하는 유명 인사들의 이름이 주는 호소력을 생각해 보라. 새로 나온 책의 뒤표지에 실린 여러 인물들의 추천사 역시 우리의 구매에 강한 영향을 끼친다. 여러분이 어떤 인물들과 함께 교류하며 누구의 이름을 인용하기 원하는지 한번 생각해 보라. 우리는 대화중에 흔히 이렇게 언급한다. "그분은 내 선생님이셨습니다." "나는 그분과 함께 식사한 적이 있지요." 우리는 종종 어떤 논쟁에서 이기거나 자신의 관점을 옹호하려고 잘 알려진 인물들의 이름을 가져다 쓴다.

이런 일들이 다 잘못되었다는 뜻은 아니다. 신뢰할 만한 지도자들의 뒤를 따르는 것은 분명히 옳다. 하지만 장차 교회를 이끌어 나갈 젊은 사역자들의 경우, 이처럼 '중요한 개인에게 초점을 맞추는' 수직적인 사고방식이 주는 한 가지 큰 위험이 있다. 그들이 그릇된 야심을 품게 될 수 있다는 것이다. 결국 우리는 누구나 풍성한 사역의 열매를 맺기 원한다. 그런데 하나님이 이같이 '위대한 인물들'을 통해 그분의 일을 행하신다면, 우리 역시 그런 인물이 되기를 갈망하게

우정을 소중히 하라

되는 것이다.

이때의 문제점은 복음에 대한 우리의 비전이 자신의 위대함을 향한 갈망으로 변질될 수 있다는 데 그치지 않는다. 이 '위대한 인물' 이론을 좇을 때, 우리는 단 한 사람의 '고독한 영웅'이 되기를 꿈꾸게 된다. 홀로 장엄하게 서 있는 한 그루의 나무처럼, 쉽게 다가갈 수 없는 위엄을 지닌 경이로운 존재가 되기를 바라는 것이다.

현재 교회 전반에서 나타나는 가장 큰 문제 중 하나는 수많은 교회 지도자가 홀로 고립되어 있다는 것이다. 이 현상에는 여러 원인이 있지만, 그중 하나는 바로 교회의 영적인 진보가 탁월한 인물들의 의도적이고 영향력 있는 활동을 통해 이루어진다는 개념이다.

미리 밝히자면, 내 의도는 그런 인물들의 탁월성을 깎아내리는 것이 아니다. 교회사 전반뿐 아니라 성경의 이야기 속에서도, 하나님이 친히 세우신 한 사람의 특별한 인물이 나타나서 당시의 교회에 꼭 필요했던 지도력을 발휘하며 개혁 운동에 나설 때가 종종 있었다. 우리는 마르틴 루터나 마틴 로이드 존스, 존 스토트 등에게서 그런 사례를 본다.

하지만 이런 인물들이 존재했던 교회의 시기에도, 이들은 결코 혼자만의 힘으로 자신의 사역을 감당하지 않았다.

사역하는 마음

오히려 그들의 삶과 사역에 여러 문제가 생겨난 것은 바로 그들이 홀로 고립되어 있을 때였다. 실제로 교회사 전체에 걸쳐, 사역자들 사이의 긴밀한 협력은 영적인 축복의 시기를 가져오는 핵심 요인이었다.

예를 들어 신학의 경우, 아우구스티누스와 루터, 칼뱅의 곁에는 여러 탁월한 벗이 있었다. 그리고 선교 분야를 살필 때 우리는 쉽게 윌리엄 캐리 같은 선교의 영웅들을 떠올리면서도 그의 곁에 믿음직한 벗들이 있었음을 잊는다. 앤드류 풀러와 존 서트클리프, 새뮤얼 피어스와 존 라일런드 등이다. 지난 세기의 위대한 복음 전도자였던 빌리 그레이엄의 경우도 마찬가지다. 이런 벗들이 윌리엄 캐리의 사역에 없어서는 안 될 존재였듯이, 빌리 그레이엄도 클리프 배로우즈와 조지 비벌리 셰이, 윌슨 형제와 레이턴 포드의 도움 없이는 자신의 사역을 제대로 감당할 수 없었을 것이다.

존 스토트는 휴가 때 이곳 웨일스에 와서 여러 책을 집필하기를 좋아했으며, 자신의 벗인 딕 루카스, 리처드 부스와 자주 동행했다. 그는 주위 사람의 삶을 주의 깊게 돌아보곤 했다. 이처럼 교회사 전반에 걸쳐, 우리는 같은 비전을 공유하는 형제의 모임이 새로운 변화를 가져왔음을 본다. 그들은 그저 아는 사이나 직업적인 동료 관계에 머무는 이들이

우정을 소중히 하라

아니었다. 그들은 서로에게 친밀한 벗이 되었으며, 서로의 발전을 위해 격려와 권면을 아끼지 않았다.

가끔은 이 형제들의 모임을 주도하는 어떤 '위대한 인물'이 아예 없을 때도 있다. 예를 들어 청교도가 그렇다. 물론 그들 가운데는 여러 위대한 인물이 있었으며, 그중 다수는 다음 세대의 지도자를 길러 내기에 적합한 위치에 있는 이들이었다. 하지만 청교도 운동은 어느 한 인물을 중심으로 생겨난 것이 아니었다. 오히려 그것은 널리 공유된 비전을 통해 생겨난 여러 형제들의 유대 관계였다.

C. S. 루이스가 『네 가지 사랑』에서 언급한 바에 따르면, 연인들은 얼굴을 마주하고 서서 서로의 눈을 바라본다. 이에 반해 친한 벗들은 "나란히" 서서 "공통 관심사"에 몰두한다.[2] 이런 벗의 모습은 이사야의 환상에 나오는 스랍들을 떠올리게 한다. 그 천사들은 함께 주님을 바라보며, **서로를 향해** "거룩하다. 거룩하다. 거룩하다"라고 부르짖었다(사 6:3).

우리가 '종교개혁 교제 협회'(Reformation Fellowship, 마이클 리브스가 총재로 있는 국제적인 신앙 단체―옮긴이)를 만든 이유도 여기에 있다. 곧 이 시대의 종교개혁을 위해 공통의 열심을 품은 벗들을 한데 모으려는 것이다.

사실 지금의 기독교계에서 이같은 우정을 논하는 일

사역하는 마음

은 다소 드물다. 우리는 주로 '네트워크'(networks)나 '교제' (fellowship)에 관해 이야기하곤 한다. 하지만 이 두 단어 모두 관계적인 측면에서 상당히 공허하거나 냉담한 표현이 될 수 있다. '네트워크'는 그저 자신의 인맥을 활용해서 필요한 일을 이루거나, 언젠가 도움이 될지 모르니 피상적인 인간관계를 구축해 둔다는 뉘앙스를 띤다. 그리고 '교제'는 흔히 그리스도인들이 만나서 커피를 마시면서 이야기 나누는 정도의 일을 지칭하는 것이다. (물론 때로는 복음을 위해 협력하면서 그리스도 안에서 진실하게 삶을 나누는 일을 가리키기도 한다.)

우리는 더 높은 곳을 바라보아야 한다. 시편 133편에서는 이렇게 노래한다. "형제가 연합하여 동거함이 어찌 그리 선하고 아름다운고"(1절). 그 형제들 간의 연합은 마치 대제사장의 위임예식에서 그의 수염 위로 떨어지는 향긋한 기름 같으며, 시온산에서 흘러내려 사방을 촉촉하게 적시는 이슬과 같다. 그리하여 온 땅이 풍성한 열매를 맺는다(2-3절). 요한복음 17장에 기록된 대제사장의 기도에서, 예수님은 성부 하나님을 향해 이렇게 구하신다. "우리가 하나가 된 것 같이 그들도 하나가 되게 하[옵소서]"(22절). 대제사장 아론의 머리에 부은 기름이 그의 몸으로 흘러내렸듯이, 성령의 은혜도 우리의 머리이신 그리스도께로부터 흘러나와 그분의 몸인

우정을 소중히 하라

교회를 적신다. 우리의 하나 됨은 그 성령의 임하심을 통해 이루어지며, 이를 통해 우리는 이 땅 가운데서 천상의 아름다움을 드러낸다.

따스하고 진심 어린 우정은 가장 고상한 형태의 교제다. 그 우정은 장차 우리가 하늘에서 누리게 될 교제의 성격을 미리 보여준다. 그것은 긴밀한 동반자 관계이며, 여기에는 풍성하고 인격적인 존중과 배려가 포함된다. 이런 종류의 교제는 진실하며 인격적이신 하나님과 영원한 나라의 소망이 실제로 있음을 증언한다. 장차 그 나라에서 우리는 참되고 거룩한 기쁨으로 늘 교제하게 될 것이다.

나는 앞서 C. S. 루이스의 『네 가지 사랑』을 언급했다. 여러분이 아직 그 책을 접해 보지 않았다면, 나중에 한번 꼭 읽어 보기 바란다. 그가 우정을 다룬 장은 내가 무척 좋아하는 부분 중 하나다. 그 장은 우정에 대한 일종의 찬가로서, 탁월한 통찰을 가득 담고 있다.

흥미롭게도 루이스가 맨 먼저 지적하는 요점 중 하나는 사회의 여러 기관에서 종종 우정을 싫어하며 불신하는 모습이 드러난다는 것이다. "특히 그 지도자들에게 그러한 경우가 많이 나타난다. 학교의 교장이나 종교 단체의 장, 군대의 연대장과 배의 선장은 자신의 아랫사람들 사이에서 긴밀하

사역하는 마음

고 견고한 우정이 싹틀 때 불편하게 여길 수 있다."[3]

하지만 우정을 불신할 필요는 없다. 그것은 배타적인 패거리 의식이나 파벌주의와는 다르기 때문이다. 루이스는 이렇게 말한다. "참된 우정은 여러 종류의 사랑 가운데서 가장 질투심이 덜한 성격을 띤다. 두 사람의 벗은 세 번째 벗의 합류를 기뻐하며, 이는 네 번째 벗의 합류 시에도 마찬가지다. 어떤 이에게 진정한 벗이 될 자격이 충분하다면, 그는 언제든지 환영의 대상이 된다."[4]

루이스에 따르면, 우정의 토대는 동료 의식(companion-ship)에 있다. (우리는 흔히 '교제'라는 용어를 써서 그 의식을 지칭하곤 한다.) 그는 이렇게 언급한다. "나는 그 마음가짐을 '동료 의식' 혹은 '동호회원 의식'으로 부르는 편을 선호한다." 이 의식 가운데는 다른 이들과 잘 어울리며 협력하려는 기본적인 의지가 포함된다.

이 동료 의식은 우정의 필수적인 출발점이다. 하지만 그것은 아직 우정 자체와는 큰 차이가 있다. 이에 관해 루이스는 이렇게 설명한다.

어떤 집단에 속한 두 사람(또는 그 이상)이 자신들에게 어떤 공통의 통찰이나 관심사가 있음을 발견할 때, 단순한 동료

우정을 소중히 하라

의식을 넘어서는 우정이 싹튼다. …… 그렇기에 그저 '친구 사귀기만을 원하는' 감상적인 사람들은 아무 친구도 찾지 못한다. 우리가 친구들을 얻기 위해서는 그들과 함께 공통의 대상을 바라보며 추구할 필요가 있기 때문이다. …… 내가 단순히 친구 찾기만을 원할 경우, 어떤 우정도 생겨날 수 없다.[5]

달리 말해, 우리가 다른 이들과 친구 맺기 위해서는 공동의 관심사가 필요하다. 참된 우정은 바로 그런 관심사를 통해 생겨나기 때문이다.

루이스는 계속해서 이 공동의 관심사가 낳는 우정이 어떤 것인지를 살핀다. 그에 따르면, 친구들은 그저 '동맹자'(ally)에 그치지 않는다. 단순히 인생의 힘든 시기에 대비하는 데 필요한 정도의 존재가 아닌 것이다. 우리의 우정은 그보다 더 큰 의미를 지닌다. "철학이나 예술과 마찬가지로, 우정은 우리 삶의 필연적인 요소가 아니다. (이 점에서는 이 우주 역시 마찬가지니, 하나님이 그 우주를 반드시 창조하셔야만 했던 것은 아니기 때문이다.) 우정의 가치는 우리의 생존 자체를 보장하는 데 있지 않다. 그보다도 그것은 우리의 생존을 가치 있게 만들어 주는 일들 중 하나다."[6]

사역하는 마음

곧 우리의 우정은 어떤 목표를 이루기 위한 수단이 아니다. 오히려 그 우정은 그 자체로 목표이자 가치가 되며, 우리의 인간성을 풍성하게 만들어 준다. 이때에는 어떤 벗들이 과업이나 비전을 공유하더라도, 그 일에 너무 몰입한 나머지 서로에 대해 무관심하거나 무지한 상태로 남는 일이 없다. 이는 그 공동의 비전을 추구하면서 서로 깊은 애정을 품게 되기 때문이다.

이런 우정의 한 예로, 존 뉴턴과 윌리엄 쿠퍼의 경우를 들 수 있다. 그들의 우정은 찬송가 작사를 통해 영국 교회를 섬기려는 공통의 열망에 토대를 둔 것이었다. 그런데 이 과업은 그들의 삶에 더욱 깊은 유익을 가져다주었다. 당시 이 두 사람의 삶은 심하게 망가진 상태였다. 뉴턴은 고통스러운 과거의 기억에 짓눌려 있었으며, 쿠퍼는 깊은 우울증에 시달렸기 때문이다. 하지만 그 우정이 있었기에, 이들은 서로의 삶을 인격적으로 지탱하고 보호하며 최선의 길로 나아가도록 이끌어 줄 수 있었다.

이제 이런 우정을 누리는 것이 어떤 일인지에 관한 루이스의 설명을 들어 보자.

내 생각에, 어떤 이들이 완전한 우정을 누릴 때에는 아름

우정을 소중히 하라

다움을 음미하는 이 사랑이 종종 깊고 견고한 모습으로 나타난다. 이때 각 사람은 마음속으로 스스로가 다른 친구들보다 더 못하다고 믿으며, 때로는 이렇게 훌륭한 이들 사이에서 지금 자신이 무엇을 하는 것인지 의아하게 여기기도 한다. 그들은 자신이 이렇게 멋진 친구들을 둔 일을 엄청난 행운으로 간주한다. 특히 그 벗들이 다함께 모여 각 사람의 가장 좋고 슬기로운 모습, 가장 재미난 모습을 이끌어 내는 시간에는 그런 생각이 더욱 깊어진다. 그러한 때는 실로 황금 같은 시간이다. 이때에는 네댓 사람이 고된 하루의 일과를 마치고 함께 방에 모인다. 그들은 실내화를 신고서 난롯불을 향해 발을 뻗은 채, 마실 것을 곁에 두고 서로 이야기를 나눈다. 그 이야기가 깊어 감에 따라, 온 세상과 그 너머에 있는 일들의 의미가 그들의 마음속에서 서서히 모습을 드러낸다. 이때에는 서로가 서로에게 아무것도 요구하지 않으며, 어떤 의무감에 매이지도 않는다. 오히려 그들은 마치 한 시간 전에 처음 만난 이들처럼, 모두가 대등한 자유인으로서 서로를 대하게 된다. 이와 동시에, 여러 해에 걸쳐 무르익어 온 애정이 그들 모두를 감싼다. 우리의 자연적인 삶에서 이보다 더 좋은 선물은 없다. 과연 누구에게 마땅히 이런 선물을 누릴 자격이 있다고 말

사역하는 마음

할 수 있겠는가?[7]

우정의 놀라운 힘은 바로 여기에 있다. 이때에는 우리 마음의 눈이 열려 서로를 헤아리며, 서로의 참모습을 존중한다. 이때 우리는 그저 상대방의 사회적인 역할과 잠재적인 유용성을 파악하는 데 그치지 않는다. 오히려 우리는 그들 자신을 바라보며, 상대방의 연약함에 공감하고 그들의 진정한 가치를 북돋운다.

우리가 진실한 교우 관계를 누릴 때,『천로역정』에서 크리스티나와 그 일행이 겪었던 일을 경험한다.

이제 그들은 서로에게 두렵도록 아름다운 존재로 보였다. 그들은 각기 자신의 영광스러운 모습을 헤아리지 못했지만, 상대방의 그러한 모습은 뚜렷이 볼 수 있었기 때문이다. 그들은 서로를 자신보다 더 나은 존재로 여기기 시작했다. 둘 중 한 사람이 이렇게 찬탄했다. "당신은 나보다 지극히 더 아름답습니다." 이에 다른 이는 이렇게 답했다. "당신은 나보다 훨씬 단아하군요."[8]

이런 말들은 그저 일종의 공손한 표현이나 아첨에 불과

우정을 소중히 하라

한 것이 아니다. 진실한 우정을 나눌 때, 우리는 벗들의 참된 가치와 아름다움을 온전히 헤아리게 된다.

빌립보서 1장 끝부분에서, 바울은 이렇게 열정적으로 호소한다.

> 오직 너희는 그리스도의 복음에 합당하게 생활하라. 이는 내가 너희에게 가보나 떠나 있으나 너희가 한마음으로 서서 한뜻으로 복음의 신앙을 위하여 협력하는 …… **이 일을** 듣고자 함이라. (빌 1:27, 강조는 저자의 것)

여기서 바울의 논리에 주의할 필요가 있다. 그에 따르면 "그리스도의 복음에 합당하게" 살아가는 일 가운데는 "한뜻으로 복음의 신앙을 위하여 협력하는" 것 역시 포함되어야만 한다. 인자이신 예수님이 이 땅에서 높이 들리셨을 때, 그분은 우리가 **함께** 그분께로 나아오도록 이끄셨다(요 12:32). 그렇기에 개인적인 고립과 '고독한 영웅'을 지향하는 문화는 복음에 속한 것이 될 수 없다.

복음은 하늘의 향취를 우리 안에 심어 주며, 그 향취는 이 땅에서도 풍성한 결실을 거둔다. 이때 우리는 이사야서의 스랍들이 그랬듯이, 장차 하늘에서 함께 모여 주님께 경배하

사역하는 마음

면서 서로 찬탄하게 될 날을 내다보게 된다. "거룩하다, 거룩하다, 거룩하다. 만군의 여호와여, 그의 영광이 온 땅에 충만하도다"(사 6:3).

우정을 소중히 하라

고난을
통해
자라 가라

6

사랑하는 자들아, 너희를 연단하려고 오는 불 시험을 이상한 일 당하는 것같이 이상히 여기지 말고 오히려 너희가 그리스도의 고난에 참여하는 것으로 즐거워하라(벧전 4:12-13).

고난의 문제를 대할 때, 현대인은 일종의 착각에 빠진 모습을 보인다. 지금 서구권에서 그 착각은 대부분의 사람들이 실감하는 것보다 더 깊이 뿌리 내린 상태다. 그것은 바로 우리에게 마땅히 건강과 재물, 번영을 누릴 권리가 있다는 착각이며, 그 생각은 우리의 마음속 깊이 자리 잡고 있다.

이에 반해 베드로는 우리에게 고난 중에 **기뻐할** 것을 권면한다. 이는 베드로 자신이 종교적인 자학을 즐겼기 때문이 아니다. 오히려 우리의 맏형이신 그리스도께서 고난의 길을 앞서 가셨으며, 우리도 그분을 뒤따라야 함을 알았기 때문이다. 그리스도는 우리의 머리이시다. 그분의 몸인 우리는 자연히 그분의 길로 따라가야 한다. 그것은 바로 고난을 통해 영광으로 나아가는 길이다.

누구나 고통받고 병에 걸리며 늙는다. 하지만 그리스도인들의 경우 이 모든 일의 의미가 달라진다. 이제 우리에게는 이 중 어떤 것도 무의미하지 않기 때문이다. 우리는 하나

고난을 통해 자라 가라

님의 은혜로 거듭나서 그리스도께 속한 새사람이 되었으며, 죽음으로 치닫는 내리막길에서 건짐을 받았다. 불신자들의 경우, 자기 삶의 종말에 대한 생각은 깊은 공포심을 가져다준다. 이는 그것이 전부 내리막길이기 때문이다. 그들의 관점에서 자신의 삶은 점점 더 나빠질 뿐이다. 그들은 서서히 노쇠하며 죽음을 눈앞에 둔다. 그러고는 그 너머에 무언가 또 다른 것이 있기를 **부질없이** 희망하게 된다.

하지만 우리 신자들은 그 내리막길에서 벗어나서 그리스도의 생명 가운데로 이끌림을 받았다. 이제 우리는 **그분의** 뒤를 따라가는 사람들이 되었다. "오히려 너희가 그리스도의 고난에 참여하는 것으로 즐거워하라. 이는 그의 영광을 나타내실 때에 너희로 즐거워하고 기뻐하게 하려 함이라. 너희가 그리스도의 이름으로 치욕을 당하면 복 있는 자로다. 영광의 영 곧 하나님의 영이 너희 위에 계심이라"(벧전 4:13-14).

이런 베드로의 권면은 공허한 위선이 아니다. 사도행전 5장에는 베드로를 비롯한 사도들이 공회 앞에서 채찍질을 당했던 일이 기록되어 있다. 그런데 그 사도들은 그 곤욕을 겪은 뒤, "그 이름[귀하신 예수님의 이름]을 위하여 능욕받는 일에 합당한 자로 여기심을 기뻐하면서" 그 자리를 떠났다(41절). 그 채찍질이 별로 아프지 않았기 때문이 아니다. 다

사역하는 마음

만 예수님을 닮고자 하는 그들의 열망이 그 고통보다 더 강했기 때문이다. 그들은 그리스도의 고난에 참여하는 가운데 깊은 기쁨을 누렸다.

우리는 이 점을 더 자세히 다룰 필요가 있다. 성경에서 그리스도의 고난이 처음으로 언급되는 본문은 어디일까? 그것은 바로 창세기 3:15이다. 이 구절에서 주님은 뱀에게 이렇게 말씀하신다. "내가 너로 여자와 원수가 되게 하고 네 후손도 여자의 후손과 원수가 되게 하리니 여자의 후손은 네 머리를 상하게 할 것이요 너는 그의 발꿈치를 상하게 할 것이니라."

물론 이 구절은 약속의 자손이신 그리스도에 관한 말씀이다. 그분은 바로 그 후손이자 그 씨가 되시는 분이기 때문이다. 하지만 바울은 이 구절을 인용하면서 그 말씀이 우리 그리스도인들에게도 적용될 수 있다고 가르친다. "평강의 하나님께서 속히 사탄을 너희 발 아래에서 상하게 하시리라"(롬 16:20). 여기서 바울은 우리가 사탄의 공격으로 발꿈치에 상처를 입으시며 또 그의 머리를 상하게 하시는 그리스도께로 인도되었음을 보여준다. "여자의 후손은 네 머리를 상하게 할 것이요 너는 그의 발꿈치를 상하게 할 것이니라."

여기서 바울은 그리스도의 백성이 통과해야만 하는 특

고난을 통해 자라 가라

별한 고난을 언급하고 있다. 이제 우리는 고난당하신 그분과 연합한 이들이 되었다. 이전에 우리는 이 세상의 신인 사탄과 친밀한 관계에 있었으며, 우리 영혼이 그의 영향력 아래 놓여 있는 상태를 기뻐했다(이는 우리 영혼의 눈이 어두워질 때 우리 자신의 수치가 은폐되기 때문이다). 하지만 이제는 우리의 눈이 열렸으며, 사탄의 어두운 지배에서 벗어나게 되었다. 이제 옛 주인인 그는 우리를 향해 심히 분노한 상태에 있다.

그리고 사탄의 후손들도 우리를 대적한다. 이들은 곧 공중의 권세자인 그를 여전히 따르는 모든 자들이다. 우리가 그리스도를 사랑하고 섬기는 삶을 선택할 때, 우리의 가족과 친구, 혹은 적대자들이 우리를 이상한 광신자나 위협적인 존재로 여기기 시작한다. 영적인 전쟁이 시작된 것이다. 우리는 그 전쟁의 무게감을 뼛속 깊이 체험한다. 이전에는 죄를 지극히 달콤하게 여겼지만, 이제 그 달콤함이 사라졌다. 이제는 죄가 우리를 괴롭히고 성가시게 하며, 우리는 그 속박에서 어서 벗어나기를 갈망한다. 하지만 우리는 계속되는 원수들의 공격 아래 처해 있으며, 그로 인해 그리스도 안에서 영적인 진보를 이루는 데 어려움을 겪는다.

그 원수들은 바로 이 세상과 육신과 마귀다. 그러므로 이 땅에서 그리스도인들은 고난을 겪을 수밖에 없다! 하지

사역하는 마음

만 바울은 다음과 같이 선포하면서 우리를 격려한다. "평강의 하나님께서 속히 사탄을 너희 발 아래에서 상하게 하시리라." 우리는 상처 입으신 그리스도께로 인도함을 받았지만, 그분은 또한 사탄의 머리를 밟으시는 분이기도 하다. 그러니 그리스도를 따르는 동안에 상처를 입기도 하겠지만, 그분의 능력과 이름 안에서 우리 역시 사탄의 머리를 짓밟게 될 것이다!

이것이 바로 성경 전체의 관점이다. 곧 미리부터 승리감에 도취되어서는 안 되지만, 우리가 마침내 승리하게 될 것임을 분명히 믿어야 한다는 것이다. 모든 일이 지지부진해 보이는 시기에나 깊은 상처를 입을 때에도 이 믿음을 굳게 간직해야 한다. 성경은 우리를 향해 이렇게 권면한다. '지금 이 땅에서 벌어지고 있는 치열한 영적인 싸움 앞에서 너무 순진한 태도를 취하지 말되, 마침내 승리하게 될 날을 바라보며 온전히 기뻐하라.' 지금 사탄은 우리의 발꿈치를 물어뜯고 있지만, 우리는 결국 그의 머리를 짓뭉개게 될 것이다. 우리는 장차 임할 영광을 바라보며 나아가고 있다. 그리고 지금 원수의 공격을 받는 동안에도, 우리는 위대한 맏형이신 그리스도와 함께 그에게 상당한 타격을 가할 수 있다.

우리 신자들은 그리스도를 본받아 끈기 있게 고난을 감

고난을 통해 자라 가라

수하며, 온 세상 사람들이 불만에 차 있는 동안에도 자족하는 삶을 살아가야 한다. 이 세상의 헛되고 무익한 일들을 떨쳐 버려야 한다. 이를 통해 우리는 이 세상이 우리에게 참된 만족을 주지 못하며 사탄이 자신의 권세를 철저히 빼앗겼음을 생생히 드러낸다. 우리가 그리스도 안에서 기뻐하며 죄에 맞서 싸울 때, 그분의 메시지를 선포하며 그분의 사랑을 전할 때 사람의 죄악 된 본성과는 완전히 상반되는 일을 행하는 것이 된다. 이때 우리는 그 오래된 용의 머리를 철저히 짓밟으며, 자신이 옛 뱀의 속박에서 마침내 해방된 자임을 드러내는 것이다.

지금 우리의 베드로전서 본문에서는 그리스도의 영광에 초점을 둔다. 그런데 이 영광이 얼마나 탁월하며 확실한 것인지를 헤아리기 전에, 우리가 어떻게 고난 가운데서도 "즐거워[할]" 수 있는지를 더 다룰 필요가 있다. 14절에서는 이렇게 말씀한다. "너희가 그리스도의 이름으로 치욕을 당하면 복 있는 자로다. 영광의 영 곧 하나님의 영이 너희 위에 계심이라." 우리가 그리스도를 위해 모욕을 감수할 때, 이는 우리가 그분의 편에 서 있음을 입증해 준다. 이어 15절을 보자. "너희 중에 누구든지 살인이나 도둑질이나 악행이나 남의 일을 간섭하는 자로 고난을 받지 말려니와." 달리 말해, 우리 자

사역하는 마음

신의 죄와 어리석음 때문에 받는 고난을 마치 영적인 성장 과정의 한 부분인 것처럼 왜곡해서는 안 된다는 것이다. 예를 들어 과속 때문에 벌금을 문 뒤, 교회에 와서 이렇게 말해서는 안 된다. "보세요! 제가 그리스도를 위해 고난을 겪었습니다."

성경 본문은 이렇게 이어진다.

> 만일 그리스도인으로 고난을 받으면 부끄러워하지 말고 도리어 그 이름으로 하나님께 영광을 돌리라. 하나님의 집에서 심판을 시작할 때가 되었나니 만일 우리에게 먼저 하면 하나님의 복음을 순종하지 아니하는 자들의 그 마지막은 어떠하며, 또 의인이 겨우 구원을 받으면 경건하지 아니한 자와 죄인은 어디에 서리요. 그러므로 하나님의 뜻대로 고난을 받는 자들은 또한 선을 행하는 가운데에 그 영혼을 미쁘신 창조주께 의탁할지어다(16-19절).

여기서 "하나님의 집에서 심판을 시작할 때가 되었나니"는 무엇을 의미할까? 이 구절의 요점은 이러하다. 우리의 아버지이신 하나님은 그분의 창조 세계에서 모든 악하고 더러운 것들을 없애 버리려 하신다. 죄와 죽음, 악한 마귀의 일들

고난을 통해 자라 가라

이 바로 그것이다. 하나님은 그리스도의 십자가에서 이 모든 것들을 심판하셨다. 언젠가는 그분이 발하시는 진노의 불길이 온 세상을 뒤덮을 것이며, 이를 통해 이 세상을 온전히 깨끗게 하실 것이다. 하지만 지금은 그 심판의 불이 주로 하나님의 백성, 곧 그분이 베푸시는 성령과 불의 세례를 받은 이들 가운데서 타오르고 있다(눅 3:16).

우리는 대개 '심판'에 관해 언급하기를 꺼린다. 실제로 죄를 사랑하며 그리스도를 찾지 않는 이들에게, 하나님이 내리시는 심판의 불은 순전히 두려운 결과를 낳는다. 하지만 그리스도를 사랑하는 우리 신자들의 경우에는 전혀 다른 결과로 이어진다. 이는 우리의 죄악 된 정체성과 신분이 이미 주님의 십자가에서 다 소멸되었기 때문이다. 우리는 더 이상 죄에 속박된 자들이 아니다. 그러니 불같은 시련을 겪을지라도 우리의 존재 자체가 소멸하지는 않는다. 오히려 베드로전서 1:7에서 언급하듯이, 우리는 불로 정련한 금처럼 더욱 빛나게 된다. 이때에는 우리의 존재 자체가 아니라 우리 삶 속에 아직 남아 있는 죄들이 제거되는 것이다.

불로 정련되는 것은 결코 편안한 경험이 아니다. 하지만 그 일은 우리에게 꼭 필요하다. 그리스도를 묵상할 때마다, 우리는 그분이 내 죄악 된 본성보다 훨씬 좋은 분임을 깨달

사역하는 마음

는다. 그분은 순전한 사랑으로 행하시며, 그 길에 자유와 생명, 빛이 담겨 있기 때문이다. 그래서 우리는 예수님을 닮기 원하는 마음으로 이렇게 부르짖게 된다. "주여, 나를 정결케 하소서!"

자신의 삶에 고난이 찾아오기를 애써 구하는 사람은 없다. 하지만 그런 고난의 시기는 놀랍도록 값진 열매를 가져다줄 수 있다. 나는 늘 안락한 시절보다 고난의 때에 훨씬 더 많은 것을 배웠다. 물론 고난을 겪는 당시에 그 일의 이유와 의미를 다 이해할 수 있었던 것은 아니다. 하지만 뒤를 돌아보면 주님이 그 고난의 시기 가운데로 인도하신 일을 깊이 감사하게 된다. 이는 그런 시련을 통해 옛 죄의 습관을 내려놓고 자족하는 삶을 살며, 더 큰 기쁨과 자유를 누리게 되었기 때문이다.

때로 자신의 삶에 고난이 찾아올 때, 우리는 기대치를 너무 낮춰 잡는다. 단순히 그 고난을 감내할 수 있기만을 바라는 것이다. 하지만 극심한 고통 속에서도 우리 그리스도인들은 그저 견디고 버티는 것 이상의 일들을 이룰 수 있다. 베드로에 따르면, 고난은 실제로 유익을 가져다줄 수 있다. 이는 우리 신자들이 전능하며 사랑이 많으신 아버지 하나님의 자녀이기 때문이다. 우리의 깊은 환난조차도 그분의 인자한

고난을 통해 자라 가라

손길 아래 있다.

고난에 대한 이 관점은 우리의 타고난 사고방식과 놀랍도록 다른 성격을 띤다. 이 관점 속에는 '좋은 삶'에 관한 지극히 상이한 개념이 담겨 있다. 이에 따르면, 안락과 번영 그 자체는 '좋은 삶'과 동일시될 수 없다. 우리가 누리는 외적인 쾌락을 통해 사탄은 우리의 내면을 무너뜨릴 수 있기 때문이다.

그러므로 고난과 역경을 겪을 때에도 우리는 하나님이 무정하거나 가혹한 분이 아님을 확신할 수 있다. 잘 알려졌듯이 히브리서 12장에는 이런 권면이 담겨 있다. "내 아들아 주의 징계하심을 경히 여기지 말며 그에게 꾸지람을 받을 때에 낙심하지 말라. 주께서 그 사랑하시는 자를 징계하시고"(5-6절). 우리는 예수님의 형제자매이며, 그분께서도 친히 받으신 고난을 통해 온전케 되셨다. 그렇기에 아버지 하나님은 우리 역시 고난을 통해 온전함에 이르게 하시며, 예수님을 더욱 닮아 가게 하시는 것이다. 우리가 겪는 고난과 역경은 더 이상 우리를 향한 정죄와 심판의 징표가 아니다. 오히려 그것은 아버지 하나님의 깊은 관심에서 흘러나오는 자상한 돌봄의 표현이다.

우리의 인생은 마치 호수와 같다. 모든 일이 평온할 때에는 우리 삶의 모습이 매우 맑고 깨끗해 보인다. 그러나 심

100

사역하는 마음

각하고 골치 아픈 문제가 찾아오면, 우리 영혼의 밑바닥에 가라앉아 있던 모든 찌꺼기가 수면 위로 올라온다. 이때 우리의 참모습이 드러난다. 하나님이 자신의 백성들로 하여금 이런 어려움을 겪게 하시는 이유는 그들 내면의 사악함을 드러내기 위함이다. 그리하여 그 죄악의 모습들을 제거해 주시는 것이 그분의 목적이다.

이처럼 고난은 모든 신자에게 유익을 줄 수 있다. 나아가 하나님의 백성이 어려움을 잘 극복하도록 도와야 할 복음의 사역자들에게, 고난은 실로 귀중한 가치를 지닌다. 우리는 강단의 가르침뿐 아니라 실제적인 삶을 통해 이 일을 감당해야 한다. 자신의 삶 속에서 그 가르침이 참됨을 구체적으로 드러내며 입증해야 하는 것이다. 기독교 지도자들이 이처럼 신실한 삶의 모습을 보여줄 때, 성도들은 시련 속에서도 하나님께 의지하며 위로를 구해야 한다는 큰 교훈을 얻는다.

스펄전은 목회자의 삶에서 고난의 역할을 이렇게 설명한다.

만일 사역의 성공과 즐거움만을 계속 누린다면, 우리의 연약한 머리는 망가지고 말 것입니다. 우리 생각이 그릇된 길로 빠지지 않기 위해서는 달콤한 성공의 포도주에 고난의

고난을 통해 자라 가라

물을 섞어야만 합니다. 그동안 내가 지켜본 바에 따르면, 사람들 앞에서 큰 영예를 누리는 주님의 사역자들은 대개 은밀한 연단을 받거나 자신만의 십자가를 감당해야 합니다. 그렇지 않으면 마귀의 올무에 사로잡혀 그들 스스로를 높이게 될 수 있기 때문입니다.[1]

그리스도께서 자신의 연약한 형제들과 같이 되신 것은 시험을 겪는 그들을 돕기 위함이었다(히 2:16-18). 이와 마찬가지로 하나님은 연약한 우리를 택하셔서 고통받는 그분의 백성들을 돌보게 하셨다. 천사들같이 인간을 초월하는 존재들은 우리의 고난과 아픔에 제대로 공감할 수 없다. 그들은 지극히 강하기에, 그들 앞에서는 우리의 연약함이 한낱 조롱거리가 될 뿐이다. 이로 인해 주님의 복음도 웃음거리가 되고 만다.

스펄전에 따르면 "하나님의 회초리는 그분의 사역자들이 전하는 모든 설교에 담긴 것보다 더 많은 내용을 우리에게 가르쳐 준다."[2] 그가 설교의 사역을 매우 귀하게 여기는 이였음을 생각할 때, 이는 실로 강한 표현이다!

우리 삶을 연단하시는 하나님은 모든 일이 지지부진해 보이는 시기까지도 그분의 목적을 위해 사용하신다. 그분은

사역하는 마음

우리의 낙담과 좌절, 혹독한 고난까지도 궁극적으로는 우리에게 베푸시는 복의 통로가 되게 만드신다. 그것이 바로 그리스도의 십자가에서 이루어진 일이었다. 인류 역사상 가장 어둡고 암울했던 그날, 하나님은 모든 흑암과 고난의 뿌리에 놓인 일들을 뒤엎고 무너뜨리셨던 것이다. 그 십자가의 죽음을 통해, 하나님은 사망의 세력을 전복시키셨다. 이제 우리가 겪는 비교적 **가벼운** 고난을 통해, 하나님은 우리의 이기적인 교만을 꺾고 어리석은 방황을 그치게 만드신다. 그러고는 우리로 하여금 승리하신 그분의 아들 예수 그리스도를 조금씩 닮아 가게 하신다.

예수님의 한없는 아름다움을 어렴풋이 경험한 이들에게, 우리가 그분을 닮아 갈 수 있다는 이 생각은 담대한 기쁨을 심어 준다. 우리를 위축시키는 죄의 세력에 결코 매이지 않으시는 그분의 모습을 볼 때, 마음속 깊이 그분과 같이 되기를 갈망하게 되는 것이다!

청교도 목회자인 존 플라벨은 이 진리를 깨닫고, 슬픔의 구름 너머에 있는 은혜의 햇빛을 늘 바라보려 했다. 그의 이 낙관적인 믿음은 다음의 짧은 시에서 드러난다.

사탄이 문제의 핵심을 간파할 수 있었다면,

고난을 통해 자라 가라

자신의 유혹이 가져올 결과들을 내다볼 수 있었다면
그는 아예 유혹하지 않았으리라.
성도들이 고난의 열매들을 미리 헤아릴 수 있었다면,
그 고난 중에도 큰 소리로 노래하며 기뻐했으리라.
오, 거룩하시고 지혜이신 하나님!
주의 강한 불길로써 우리를 죄악의 불길 가운데서
　건져내심을 깨달을 때
누가 주를 찬미하지 않을 수 있겠나이까!
지금 하늘의 영광중에 있는 성도들도 깊은 경외심에 차서
아무도 헤아릴 수 없는 주의 기이한 섭리를 바라보고
　있나이다.[3]

하지만 고난의 한가운데 있는 이들이 이같은 믿음을 품기가 얼마나 어려운지를 플라벨은 잘 알았다. 그는 어떤 이가 심한 고통을 겪는다고 해서 저절로 성화되는 것은 아님을 알았던 것이다. 오히려 고난을 당할 때 우리는 더욱 깊은 미움과 분노, 절망에 사로잡힐 수 있다. 이때에는 하나님 **앞에** 우리의 고민거리를 가지고 나아가는 것이 아니라(이는 좋은 일이다), 하나님**에 관해** 불평을 쏟아놓으며 그분께 등을 돌리게 된다.

사역하는 마음

플라벨은 고난받는 이들에게 이렇게 조언한다. '성경을 바라보라.' 삶의 어둠 속에서 하나님의 말씀을 우리의 등불로 삼지 않으면, 자신의 고난 속에서 어떤 의미도 찾지 못한 채 깊은 절망에 빠지게 된다. 그러나 고난에 대한 우리의 응답이 성경에 근거해서 이루어질 때, 우리는 비로소 그 고난에서 유익을 얻고 죄에서 해방되어 그리스도를 닮은 모습으로 자라 갈 수 있다.

그리고 고난 앞에서 우리가 취해야 할 두 번째 반응은 이것이다. '하나님을 바라보라.' 우리의 삶이 망가지며 모든 일이 두렵고 불확실해 보일 때, 플라벨은 이렇게 권면한다. "불변하시는 하나님, 만세 반석이신 그분께 의지하라. …… 불과 2-3일 사이에 여러분의 삶 속에 참담한 변화가 생겼을 수도 있다. 사랑하는 가족의 죽음으로 모든 일이 산산조각 났을지도 모른다. …… 이처럼 극심한 고통 속에 있을 때, 하나님을 바라보는 일은 우리 심령에 깊은 위안을 준다."⁴ 모든 일이 잘못되어 가는 듯이 여겨질 때, 우리는 늘 변함없으신 하나님을 기억해야 한다. 그분은 언제나 우리를 붙들며 돌보시기 때문이다.

이 베드로전서 본문에서는 세상 사람들이 도무지 이해할 수 없는 한 가지 지침을 우리에게 준다. 그것은 바로 고난

105

고난을 통해 자라 가라

과 낙심의 시기에 기뻐하는 법에 관한 지침이다. 여기서 분명히 밝히자면, 베드로는 먼저 고난에 관해 언급한 후에 영광으로 넘어간다. 하지만 그럴지라도, 우리가 오직 고난을 겪고 난 뒤에야 기쁨을 얻게 되는 것은 아니다. 오히려 우리는 견고하고 확실한 기쁨을 통해 삶의 고난을 견뎌 낼 힘을 얻게 된다. 그리스도와 그분께 속한 우리 백성들의 경우, 참된 기쁨이 모든 고난보다 앞서 존재한다. 그 기쁨은 그 고난에 뒤따르고 그 고난의 바탕에 존재하며, 그 모든 고난들을 감싸고 있다. 그리스도는 이 세상이 생겨나기도 전에, 그 온갖 고통들이 있기 전에 온전한 기쁨을 소유하고 계셨다. 그리고 그 기쁨을 통해, 십자가의 고난을 감내하려는 결심을 더욱 굳게 하셨다(히 12:2). 이제 그분은 그 기쁨을 우리와 함께 나누시며, 그리하여 우리는 온갖 고난을 능히 이겨 나가게 된다.

　　그리스도를 위해 즐겁고 담대한 마음으로 고난을 감수했던 성도들의 복된 비밀은 바로 여기에 있다. 이는 우리가 그리스도를 기뻐하며 즐거워할수록, 그분과 함께 받는 고난을 기꺼이 짊어지게 된다는 것이다. 과거 복된 청교도였던 리처드 십스는 이 진리를 이렇게 표현했다. "그리스도와 함께 고난을 받으려면, 먼저 풍성한 그분의 잔치를 누려야 한

106

다. 우리가 그분과 함께 즐거워하며 그분 안에서 기쁨을 찾을 때, 그분과 함께 받는 고난을 온전히 감당하게 된다."[5]

여기서는 다음의 사실을 아는 것이 우리에게 도움을 준다. 그리스도는 단순히 우리를 고난에서 건져내기에 충분한 능력을 지닌 분에 그치지 않는다는 것이다. 그리스도는 또한 친히 고난을 겪으셨던 분이기도 하다. 그러므로 그분은 우리의 아픔을 아시며, 삶의 어려움과 씨름하는 자신의 백성들을 긍휼히 여기신다. 그리스도께서 이 땅에 계실 때, 그분은 나환자들을 불쌍히 여기시고 깊이 탄식하셨다. 그분은 온갖 괴로움에 시달리는 이들과 무력한 이들을 안타깝게 여기셨다. 그리고 하늘에 계신 지금도, 그분의 그런 마음은 전혀 달라지지 않았다. 그리스도는 여전히 우리의 연약함에 깊이 공감하고 계신다.

한편 성경은 모든 일을 고난의 어둠 속에만 내버려 두지 않는다. 그렇기에 우리도 그 말씀의 인도를 따라가야 한다. 우리는 고난과 낙심의 시기에 기뻐하는 법을 살피는 데서 한 걸음 더 나아가, "장차 그분의 영광이 드러날 때" 누리게 될 "넘치는 기쁨"을 바라보아야 한다(벧전 4:13, KJV).

그리스도의 영광을 숙고할 때, 우리는 맨 먼저 다음의 진리를 분명히 헤아려야 한다. 그분의 영광은 지극히 확실하

고난을 통해 자라 가라

고 견고하며 변함이 없다는 것이 바로 그 진리이며, 이는 종교개혁자들이 보여준 놀라운 통찰이다. 그리스도는 지금도 하늘의 큰 영광 가운데 계시며, 장차 온 세상이 그 영광을 목도하게 될 것이다. 그리고 그분의 백성인 우리들도 그 영광에 반드시 동참하게 될 것이다. 그분은 교회의 머리이시며, 그렇기에 자신의 몸인 교회 없이 홀로 영광을 누리실 수 없기 때문이다. 신랑이신 주님은 그분의 높은 지위와 풍성한 복을 그저 자신만의 것으로 남겨 두지 않으신다.

그러나 우리를 참소하는 마귀는 이 일을 의심하게 만들려고 애쓴다. 그는 우리의 귓가에 이렇게 속삭인다. "지금 하나님이 너를 벌하고 계셔. 그래서 네 인생이 이렇게 힘든 거야. 그분은 더 이상 너를 사랑하지 않아." 이때 우리는 이렇게 맞받아쳐야 한다. "사탄아, 너는 내가 믿는 그리스도가 어떤 분이라고 생각하느냐? 그분이 그렇게 신의 없는 분 같으냐? 모든 일이 그저 못난 내 행실에 달려 있는 것 같으냐? 아니다! 내가 믿는 주님은 이렇게 말씀하셨다. '그들을 내 손에서 빼앗을 자가 없느니라'(요 10:28)."

인생의 고난에 직면할 때, 우리는 하나님이 우리를 대적하시거나 우리를 향한 그분의 사랑과 관심이 약해졌기에 이런 일이 찾아왔다고 여기기 쉽다. (이렇게 믿는 것이 우리의 본성

108

사역하는 마음

적인 성향이기도 하고, 때로는 원수 마귀의 공격에 굴복하여 그런 생각에 빠지게 된다.) 하지만 실제로는 그렇지 않다. 성경의 어떤 구절에서도 고난에 대한 이런 해석을 지지하지 않는다. 오히려 우리는 하나님의 경륜 전체를 통해 다음의 진리를 배운다. 지금 우리가 겪는 고난은 우리의 구속과 성화를 위한 그분의 놀라운 계획 중 일부라는 것이다. 그러니 만약 하나님이 우리를 정죄하시지 않는다면, 우리가 무슨 근거로 우리 자신을 정죄할 수 있겠는가?

우리가 고난 중에 낙심할 때 칭의 교리에 의지할 수 있는 이유 중 하나는 바로 이것이다. 우리가 은혜를 통해 믿음으로 의롭게 된다는 성경의 진리를 망각할 때, 모든 시련은 두 배의 무게로 다가온다. 이때에는 하나님이 우리를 미워하실지도 모른다는 두려움으로 우리의 고통이 더욱 가중되기 때문이다. 이때 우리는 결코 떠맡을 필요가 없는 마음의 짐까지 짊어진다.

우리가 구원을 얻기 위해 예수님께 나아올 때, 칭의 교리는 우리 마음의 고된 짐을 덜어 준다. 고난의 시기에 거짓된 죄책감이 우리를 무겁게 짓누를 때도, 그 교리는 우리로 다시 주님께 의지하여 새 힘을 얻게 한다.

아마 여러분은 이런 표현을 들어 본 적이 있을 것이다.

고난을 통해 자라 가라

"만약 하나님의 은혜가 없었다면, 나도 저곳에 있었을 것이다"(There, but for the grace of God, go I). 이는 흔히 잉글랜드의 종교개혁자였던 존 브래드퍼드가 남겼다고 여겨지는 말로, 어떤 죄수들이 사형장으로 끌려가는 모습을 지켜보면서 고백했다고 한다. 브래드퍼드는 자신이 죽어 마땅한 죄인임을 알고 있었다. 그와 죽음 사이를 갈라놓은 것은 오직 하나님의 은혜뿐이었다.

브래드퍼드는 우리 신자들이 복음의 메시지를 매일의 삶에 적용하도록 돕는 묵상집을 저술했다. 우리의 취침 준비 시간에 관해 숙고하면서, 그는 이렇게 언급한다. "여러분이 잠자리에 들기를 두려워하지 않듯이 …… 죽음 역시 겁내지 마십시오."[6] 이는 지금 우리가 날마다 새 아침을 맞듯이, 장차 죽음에서 깨어나 주님의 나라에서 복된 새 아침을 맞게 될 것이기 때문이다.

브래드퍼드는 마흔다섯 살 되던 해에 자신의 이 확신이 얼마나 굳건한 것인지를 실제로 보여주었다. 당시 잉글랜드의 여왕이었던 '피의' 메리는 복음주의 개신교도들을 심하게 탄압했으며, 그 일환으로 브래드퍼드도 스미스필드에서 화형을 당하게 되었다. 마침내 화형대에 묶인 그는 동료 순교자인 존 리프를 바라보며 이렇게 말했다. "형제여, 안심하게.

사역하는 마음

우리는 곧 주님과 함께 즐거운 저녁 식사를 나누게 될 걸세.”
우리가 이 땅에서 받는 고난은 가볍고 일시적일 뿐이지만,
주님이 우리를 위해 예비해 두신 영광은 지극히 크고 영원함
을 그는 알았던 것이다(고후 4:17).

우리는 온갖 시련 속에서도 기쁨으로 이 소망을 붙들어
야 한다. 이 땅의 모든 일들 가운데서, 우리의 갈 길을 보여주
신 예수님께 시선을 고정해야 한다. 그분은 앞에 놓인 기쁨
을 바라보며 십자가의 고난과 수치를 감내하셨고, 지금은 하
나님의 보좌 오른편에 앉아서 우리를 향해 손짓하고 계신다.

고난을 통해 자라 가라

교회를
사랑하라

7

나는 시온의 의가 빛같이, 예루살렘의 구원이 횃불같이 나타나도록 시온을 위하여 잠잠하지 아니하며 예루살렘을 위하여 쉬지 아니할 것인즉(사 62:1).

만일 그리스도께 속한 교회를 사랑하며 섬기지 않는다면, 우리는 결코 그분을 닮을 수 없다. 사실 이 우주가 존재하는 이유도 바로 그 교회에 있다. 조나단 에드워즈는 이 진리를 이렇게 표현한다.

하나님이 세상을 창조하신 목적은 무엇보다도 영원하신 성자께서 자신의 배우자를 얻게 하시는 것이었다. 성자께서 그 배우자에게 무한한 자비를 베푸시며 스스로를 낮추어 마음속 깊은 곳에 있는 사랑과 은총을 흘려보내게 하시려는 것, 그리하여 하나님 자신이 영광을 받으시려는 것이 바로 그 목적이었다.[1]

성경의 복된 가르침인 '선택'(election)은 곧 이 일을 가리킨다. 하나님이 이 우주를 창조하신 이유는 영원하신 그분의 아들이 존귀한 신부를 얻어 자신의 모든 것을 함께 나누며 기쁨을 누리게 하시려는 데 있었다. 하나님의 계획은 성자께

교회를 사랑하라

서 자신의 마음속에 있는 풍성한 사랑을 그 신부에게 온전히 쏟아붓게 하시는 것이었다.

하나님은 성자를 위해 우리를 창조하셨으며, 그분을 위해 우리를 구원하셨다. 성자 예수님이 십자가의 고난을 감내하셨던 이유는 무엇일까? 히브리서 12:2에서는 그분이 "그 앞에 있는 기쁨을 위하여" 기꺼이 그리하셨다고 말씀한다. 이는 어떤 기쁨일까? 그것은 곧 자신의 십자가 죽음을 통해 마침내 성취될 일을 아는 데서 오는 기쁨이었다. 여기서 계시록 19:7의 말씀을 보자. "우리가 즐거워하고 크게 기뻐하며 그에게 영광을 돌리세! 어린 양의 혼인 기약이 이르렀고 그의 아내[교회]가 자신을 준비하였으므로."

예수님이 이 땅에서 사역하고 피 흘리신 최종 목적은 곧 자신의 교회를 위함이었다. "거룩한 성 새 예루살렘이 하나님께로부터 하늘에서 내려오니 **그 준비한 것이 신부가 남편을 위하여 단장한 것 같더라**"(계 21:2, 강조는 저자의 것). 그분은 교회를 위해 모든 일을 행하신다. 그분의 깊은 열망과 소원, 지극히 큰 기쁨이 바로 그곳에 있기 때문이다.

이제 이사야서 61장과 62장을 통해 이 진리를 더 깊이 숙고해 보자. 여기서 다룰 61:10-62:5은 두 장에 걸쳐 있지만, 실제로는 (이사야서에 담긴 여러 '메시아의 노래' 중 하나의 중간

114

사역하는 마음

부분에 있는) 일곱 행으로 구성된 하나의 연이다. 이 단락의 화자가 누구인지를 알기 위해서는 61:1을 보아야 한다. "주 여호와의 영이 내게 내리셨으니 이는 여호와께서 내게 기름을 부으사 가난한 자에게 아름다운 소식을 전하게 하려 하심이라." 여기서 우리는 이 단락의 화자가 기름 부음을 받은 이, 곧 메시아 자신임을 알 수 있다.

10절에서 화자는 크게 기뻐한다. 그는 구원의 옷과 아름다운 의의 겉옷을 입었으며, 한 사람의 '신랑'처럼 단장하고 있다. 그가 이렇게 한 이유는 무엇일까? 61:11에 따르면, 이는 그가 풍성한 정원을 가꾸고자 하기 때문이다. 이것은 단순히 이 세상의 온갖 식물이 가득한 정원이 아니다. 오히려 그 정원에서는 '공의와 찬송'이 "모든 나라 앞에 솟아나게" 될 것이다. 그러면 이 일은 어떤 식으로 이루어질까?

본문을 계속 읽어 보자. 62장의 첫 부분에서 화자는 이렇게 말을 이어 간다.

나는 시온의 의가 빛같이,
    예루살렘의 구원이 횃불같이 나타나도록
  시온을 위하여 잠잠하지 아니하며
    예루살렘을 위하여 쉬지 아니할 것인즉.

115

교회를 사랑하라

여기서 메시아는 누구의 의를 기뻐하는가? 이 본문에서 세상 모든 나라들 앞에 찬송의 빛을 드러내는 자는 누구인가? 그것은 바로 시온, 곧 하나님의 거룩한 도성인 예루살렘이다. 이 본문에서 그 도성은 메시아의 신부로 준비되고 있다. 신랑인 메시아의 모든 준비 역시 그 도성을 위한 것이다. 메시아는 자신의 신부인 교회를 바라보면서 모든 일을 감당한다.

이제 화자는 그 신부에게 말을 건넨다. "이방 나라들이 네 공의를, 뭇 왕이 다 네 영광을 볼 것이요"(2절). 앞서 살폈듯이, 신랑인 그는 "잠잠하지 아니[할]" 것이다. 자신의 신부인 교회가 영광을 얻으며 마침내 온 세상이 그 모습 앞에서 깊이 경탄하게 될 때까지, 그는 결코 자신의 일을 멈추거나 침묵하지 않는다.

교회를 사랑하면서도 그 공동체의 허물을 날카롭게 직시하는 이들은 이 진리에 귀 기울일 필요가 있다. 지금 주님의 포도원에 속한 일꾼들은 교회를 바라볼 때 그저 초라하고 어수선한 공동체의 모습만을 발견하게 될지도 모른다. 우리는 교회를 (적어도 세상 사람들의 시각에서 볼 때에는) 하찮거나 연약한 존재로 여길 수 있다. 하지만 교회는 우리가 섬기는 주 그리스도의 신부다. 그분은 장차 다시 이 땅에 임하셔서 그

사역하는 마음

공동체를 온전히 자신의 소유로 삼으실 것이다. 그때 주님은 교회의 정당성을 입증하고 그 공동체를 치유하며, 지극한 영광을 누리게 하실 것이다.

여기서 교회가 그리스도와 혼인하는 일은 무엇을 의미할까? 먼저 이 본문에 쓰인 '의'(righteousness)라는 표현들을 살펴보자. 61:10에서 화자는 여호와 하나님이 **자신**에게 의의 겉옷을 입혀 주셨다고 말한다. 그런데 이어 62:1에서 그는 **시온**의 의가 환히 빛나게 하겠다는 자신의 뜻을 밝힌다. 그리고 2절에서, 그는 이방 나라들이 **시온**의 의를 보게 될 것임을 확언하고 있다. 이처럼 화자 자신도 의로울 뿐 아니라, 이제는 그의 신부도 의로운 존재로 간주되는 것이다.

이것이 바로 복음이다! 종교개혁 시기에 루터가 재발견했던 것이 바로 이 진리였으며, 그는 한 예화를 들어서 이 일을 설명했다. 당시 루터는 한 왕(이는 예수님을 가리킨다)이 가난한 소녀, 사실은 창녀였던 한 소녀(이는 우리를 가리킨다)와 결혼하는 이야기를 들려주었다. 두 사람의 혼인 예식 날, 그소녀는 왕을 향해 이렇게 서약했다. "내 모든 존재를 당신께 드리며, 모든 소유를 당신과 나누겠습니다!" 그리하여 그는 자신의 모든 빚과 수치를 왕과 함께 나누었다. 이어 왕도 그를 향해 이렇게 서약했다. "나는 내 모든 존재를 그대에게 주

교회를 사랑하라

며, 내 모든 소유를 그대와 나눌 것입니다." 이 서약을 통해, 왕의 삶은 그의 것이 되었다. 이제 그는 여왕이 되어, 그 왕국을 함께 다스리게 되었다.

"내 모든 소유를 그대와 함께 나눕니다." 이것이 바로 복음 안에서 이루어진 위대한 혼인의 교환이다. 신랑이신 그리스도는 우리의 모든 죄와 죽음, 우리가 마땅히 받아야 할 심판을 가져가서 자신의 것으로 삼으시며, 자신의 온전한 의를 우리에게 베푸신다. 그분은 우리의 죄를 취하시며, 우리는 그분의 의를 받아 누리게 된다. 루터는 이렇게 언급한다. "그러므로 우리 죄인들은 사망과 지옥의 눈앞에서 이렇게 선언할 수 있다. '비록 내가 이런 죄들을 지었을지라도, 내가 믿는 그리스도는 전혀 죄를 범하지 않으셨다. 그분은 자신의 모든 소유를 내게 주셨으며, 내 모든 소유도 그분의 것이다.'"[2]

이 복음의 혼인을 통해 그리스도와 연합할 때, 우리는 이렇게 고백할 수 있다. "내가 여호와로 말미암아 크게 기뻐하며 내 영혼이 나의 하나님으로 말미암아 즐거워하리니, 이는 그가 구원의 옷을 내게 입히시며 공의의 겉옷을 내게 더하심이 …… 신부가 자기 보석으로 단장함 같게 하셨음이라" (사 61:10).

교회는 그리스도의 신부이기에, 그분이 보시기에 의로

사역하는 마음

운 공동체가 된다. 그런데 우리가 누리는 복은 거기서 그치지 않는다. 이는 주님이 교회를 실로 자랑스럽게 여기시기 때문이다. 그분은 우리가 속한 교회를 깊은 놀라움과 찬탄의 대상으로 만들고자 하신다. 주님은 온 세상 모든 나라들이 교회의 아름다움을 목도하기를 바라신다. 지금 우리의 이사야서 본문에는 환한 빛을 나타내는 여러 표현이 담겨 있다. '빛'과 '횃불', '영광' 등이 그것이다. 여기서 교회는 마치 하늘에 뜬 둘째 태양처럼 묘사된다. 그 공동체가 지극히 영광스럽기에 세상의 왕들이 그곳을 주시하며, 심지어 그 왕들의 화려한 영광도 그 공동체 안에 있는 영광에는 견주지 못한다. 그들은 교회의 아름다운 모습에서 좀처럼 눈을 떼지 못한다.

실제로 이사야서 62:3에서는 이렇게 말씀한다. "너는 또 여호와의 손의 아름다운 관, 네 하나님의 손의 왕관이 될 것이라." 그것이 바로 하나님의 계획이다. 하나님은 교회에 속한 자신의 백성들이 불쌍하고 무력한 상태로 깊은 진창에 빠져 있는 모습을 보셨다. 그분은 교회를 그 속에서 건져내어 새 이름을 주셨다. 그분은 교회를 씻으시고 아름답게 단장하셨으며, 그 공동체를 변화시켜 그분의 손에 있는 '아름다운 관', 곧 '왕관'이 되게 하셨다.

교회를 사랑하라

왕관은 지극히 귀한 보물이며, 위대한 승리자와 정복자들을 위한 상급이다. 왕관의 소유자에게 왕관은 가장 큰 영예의 징표가 된다. 빌립보 교회에 보낸 편지에서, 바울은 이 표현을 써서 그곳의 신자들을 이렇게 지칭했다. "나의 사랑하고 사모하는 형제들, 나의 기쁨이요 **면류관**인 사랑하는 자들"(빌 4:1, 강조는 저자의 것). 그들은 곧 하나님이 바울에게 주신 상급이었으며, 그가 자신의 사도직을 신실하게 수행했음을 보여주는 증표였다. 또 잠언 12:4에서는 이렇게 말씀한다. "어진 여인은 그 지아비의 면류관이[라]."

교회는 예수 그리스도의 소중한 아내이며 면류관이다. 교회는 그분의 가장 귀한 보물이며, 그분이 거둔 큰 승리의 상급이다. 그리고 교회는 그분이 누구이신지를 보여주는 증표다. 그분은 죽은 자들을 일으키고 무력한 자들을 건지시며, 온 인류가 사랑으로 하나 되게 만드시는 분이다.

교회는 온 세상 앞에 하나님의 거룩한 영광을 드러낸다. 그곳에서 우리는 이 땅에 임한 하늘의 은혜를 맛보게 된다. 그런데 교회를 향한 주님의 손길은 여기서 그치지 않는다. 4-5절에서는 이렇게 말씀하고 있다.

다시는 너를 버림받은 자라 부르지 아니하며

사역하는 마음

다시는 네 땅을 황무지라 부르지 아니하고

오직 너를 '헵시바'라 하며

네 땅을 '쁄라'라 하리니

이는 여호와께서 너를 기뻐하실 것이며

네 땅이 결혼한 것처럼 될 것임이라.

마치 청년이 처녀와 결혼함같이

네 아들들이 너를 취하겠고

신랑이 신부를 기뻐함같이

네 하나님이 너를 기뻐하시리라.

예수 그리스도는 자신의 신부인 교회를 향해, 이같이 열렬한 사랑과 **기쁨**을 드러내신다. 그분은 교회를 생각하면서 깊은 감격을 누리신다. 그 공동체 자신의 힘으로 그분의 호의와 구원을 얻어 낸 것은 아니다. 오히려 예수님이 먼저 교회 안에 자신의 소중한 은혜들을 베푸셨다. 이제는 교회를 바라볼 때마다 그분의 눈동자가 달라지며, 숨이 멎을 듯한 전율을 느끼신다.

우리는 교회를 향한 그리스도의 이 열망을 숙고하면서 세 가지 교훈을 얻을 수 있다. 첫째, 우리는 교회에서 떨어져 나오거나 교회에 대해 무관심한 상태에 머물 수 없다. 존 오

교회를 사랑하라

웬은 이 교훈을 이렇게 표현했다. "우리 신학도들에게는 교회의 성도들과 친밀하게 교제하는 일이 꼭 필요하다. 이 교제를 통해, 우리의 영적인 은사들이 더욱 뚜렷이 계발되기 때문이다. 참된 복음의 지혜는 그런 은사들에 바탕을 두며, 그 지혜 역시 거룩한 교제의 실천을 통해 더욱 견고해진다. 이같은 섬김은 곧 신학의 핵심적인 본성에 속한다."[3]

둘째, 우리는 교회가 그리스도의 소중한 신부임을 기억하고 그에 합당한 태도로 그 공동체를 대해야 한다. 우리는 자칫 교회 공동체가 사역자인 우리 자신을 바라보며 의지하게 되기를 바라는 유혹에 빠지기 쉽다. 하지만 그것이 얼마나 큰 죄악인지 생각해 보라! 리처드 십스는 이 일에 관해 이런 말을 남겼다. "많은 이들은 그리스도의 배우자인 교회에게 추파를 던지곤 한다."[4] 교회 공동체가 우리를 흠모하게 만들려고 애쓸 때, 이 일은 곧 그리스도의 신부를 향해 구애의 손길을 뻗는 것이 된다. 하지만 진정한 신랑의 벗은 이런 식으로 행동하지 않는다. 우리가 정말 그리스도께 속한 일꾼이라면, 교회의 남편이신 그분께로 그 공동체를 인도해야 한다.

셋째, 우리가 진실로 그리스도를 사랑한다면 그분의 관심사를 공유할 것이다. 이때 우리는 자신의 신부인 교회를 지키고 돌보시는 그분의 모습을 본받으며, 이사야서 62:1에

122

담긴 그분의 약속과 결심을 함께 고백한다. "나는 시온의 의가 빛같이, 예루살렘의 구원이 횃불같이 나타나도록 시온을 위하여 잠잠하지 아니하며 예루살렘을 위하여 쉬지 아니할 것인즉."

이것은 그저 어떤 이가 자신의 연인을 향해 즉흥적인 열정이 샘솟는 순간에 쏟아 놓는 그럴듯한 말이 아니다. 이사야서의 앞부분 특히 53장 본문을 살필 때, 우리는 이 다짐이 실로 진지한 것임을 헤아리게 된다.

여기서 잠시 이사야서 53장을 묵상해 보자. 이 아름다운 본문을 통해, 우리는 그리스도께서 자신의 신부인 교회를 위해 얼마나 큰 희생을 치렀으며 그 공동체를 얼마나 소중히 여기시는지를 알게 된다.

> 그는 멸시를 받아 사람들에게 버림받았으며
>> 간고를 많이 겪었으며 질고를 아는 자라.
> 마치 사람들이 그에게서 얼굴을 가리는 것같이
>> 멸시를 당하였고 우리도 그를 귀히 여기지 아니하였도다.

> 그는 실로 우리의 질고를 지고
>> 우리의 슬픔을 당하였거늘

교회를 사랑하라

우리는 생각하기를 그는 징벌을 받아

　하나님께 맞으며 고난을 당한다 하였노라.

그가 찔림은 우리의 허물 때문이요

　그가 상함은 우리의 죄악 때문이라.

그가 징계를 받으므로 우리는 평화를 누리고

　그가 채찍에 맞으므로 우리는 나음을 받았도다.

우리는 다 양 같아서 그릇 행하여

　각기 제 길로 갔거늘

여호와께서는 우리 모두의 죄악을

　그에게 담당시키셨도다.

그가 곤욕을 당하여 괴로울 때에도

　그의 입을 열지 아니하였음이여.

마치 도수장으로 끌려가는 어린 양과

　털 깎는 자 앞에서 잠잠한 양같이

　그의 입을 열지 아니하였도다.

그는 곤욕과 심문을 당하고 끌려갔으나

　그 세대 중에 누가 생각하기를

그가 살아 있는 자들의 땅에서 끊어짐은

　마땅히 형벌 받을 내 백성의 허물 때문이라 하였으리요.

124

사역하는 마음

그는 강포를 행하지 아니하였고

　그의 입에 거짓이 없었으나

그의 무덤이 악인들과 함께 있었으며

　그가 죽은 후에 부자와 함께 있었도다.

여호와께서 그에게 상함을 받게 하시기를 원하사

　질고를 당하게 하셨은즉

그의 영혼을 속건제물로 드리기에 이르면

　그가 씨를 보게 되며 그의 날은 길 것이요

또 그의 손으로 여호와께서 기뻐하시는 뜻을 성취하리로다.

그가 자기 영혼의 수고한 것을 보고 만족하게 여길 것이라.

나의 의로운 종이 자기 지식으로

　많은 사람을 의롭게 하며

　또 그들의 죄악을 친히 담당하리로다.

그러므로 내가 그에게 존귀한 자와 함께 몫을 받게 하며

　강한 자와 함께 탈취한 것을 나누게 하리니

이는 그가 자기 영혼을 버려 사망에 이르게 하며

　범죄자 중 하나로 헤아림을 받았음이니라.

그러나 그가 많은 사람의 죄를 담당하며

　범죄자를 위하여 기도하였느니라(3-12절).

교회를 사랑하라

이같은 구주를 향해 우리가 보여야 할 합당한 반응은 무엇일까? 그 답은 이사야서 54장에서 찾을 수 있다.

잉태하지 못하며 출산하지 못한 너는 노래할지어다.
산고를 겪지 못한 너는 외쳐 노래할지어다.
이는 홀로 된 여인의 자식이 남편 있는 자의 자식보다 많음이라.
여호와께서 말씀하셨느니라.
네 장막 터를 넓히며
네 처소의 휘장을 아끼지 말고 널리 펴되
너의 줄을 길게 하며
너의 말뚝을 견고히 할지어다.
이는 네가 좌우로 퍼지며
네 자손은 열방을 얻으며
황폐한 성읍들을 사람 살 곳이 되게 할 것임이라(1-3절).

이런 구주의 사랑 앞에서 우리는 어떻게 해야 할까? 우리의 위대한 신랑이신 그리스도가 계시기에, 현대의 세속 문화가 가해 오는 위협과 공격 앞에서도 겁을 먹고 수그러들 필요가 없다. 오히려 우리는 그분을 찬양하며 담대히 노래해

사역하는 마음

야 한다. 우리는 장막 터를 더욱 넓혀야 하니, 이는 우리의 공동체가 사방으로 계속 퍼져 나가게 될 것이기 때문이다(사 54:2-3).

우리가 이처럼 주님을 찬양하며 교회 공동체를 넓혀 나가는 이유는, 그리스도께서 자신의 죽음을 통해 교회에 생명을 주셨기 때문이다. 그 고난을 통해 그분께 속한 교회가 번성하게 되었다. 그분은 자신의 신부인 교회를 위해 죽으셨던 것이다. 점점 더 성장하는 교회는 그리스도께서 고된 수고를 통해 얻으신 상급이며, 그분의 영광을 드러내는 징표다. 그분이 고난받고 죽으신 이유는, 자신의 교회와 백성들이 온 땅에 퍼지며 마침내 이 세상을 유업으로 물려받게 하시려는 데 있었다. 우리 가운데 이 예수님의 복음이 생생히 전파될 때, 교회는 늘 성장하게 된다.

위대한 선교사 윌리엄 캐리가 영국을 떠나 인도에 복음을 전하러 가기 전에 설교했던 것이 바로 이사야서 54장의 이 본문이었다. 그는 세계 선교의 비전에 동참하도록 당시의 교회를 일깨우기 위해 이렇게 언급했다. "하나님이 행하실 위대한 일들을 기대하십시오. 그리고 그분을 위해 위대한 일들을 시도하십시오."

우리가 어떻게 이보다 덜한 일을 기대하거나 시도할 수

교회를 사랑하라

있겠는가? 그리스도는 그분의 신부인 교회가 온 세상에 퍼져 가며 아름다운 왕관처럼 환히 빛나기를 바라셨다. 이 일을 향한 열정은 가장 위대한 이들의 마음과 지성까지도 사로잡고 자극할 수 있다. 이것은 그저 사소한 꿈이 아니다. 그것은 바로 하나님의 아들이신 예수님이 간절히 바라고 원하셨던 일이기 때문이다. 그분의 지극한 열망과 목적이 그 안에 담겨 있었으며, 다른 어떤 일도 그것을 능가할 수는 없었다.

이 땅에서 가장 아름답고 복된 소원이 있다면, 그것은 바로 그리스도의 영광을 온전히 드러내는 교회를 향한 갈망이다. 장차 어린 양의 혼인 잔치에서 끝없는 기쁨을 누리게 되기까지, 우리는 이 갈망을 늘 소중히 간직해야 한다.

신학자가
되되
조심하라

8

범사에 헤아려 좋은 것을 취하고(살전 5:21).

모든 사람은 신학자다. 사람은 누구나 어떤 신을 섬기기 때문이다.

이 점을 파악하기 위해, 우리는 그동안 받아들여 온 '신학'의 정의를 재검토할 필요가 있다. 우리는 신학 활동이 그저 여러 책을 읽고 낯선 언어들을 익히며, (전문적인 훈련을 받은 이들만을 위한) 난해한 토론에 참여하는 일이라는 개념에서 벗어나야 한다.

먼저 '신학'(theology)이라는 표현을 살펴보자. 이 용어에는 두 가지 개념이 담겨 있다. '로고스'(logos)와 그 '로고스'의 주제인 '테오스'(theos), 곧 '신'이다. (여기서 '로고스'의 개념은 신학이 '로기아'logia, 곧 논리 또는 언어임을 나타낸다.) 그러므로 '신학'은 여러 다양한 신에 관한 탐구가 될 수 있다. 하지만 기독교 신학의 경우, 참되고 살아 계신 하나님을 아는 일을 그 목표로 삼는다. 그분은 자신의 '로고스', 곧 말씀이신 예수 그리스도를 통해 스스로를 계시하셨다.

그런데 그리스도인 됨의 정의는 바로 '그분의 말씀을 통해 하나님을 아는' 데 있으므로, 모든 그리스도인은 기독교 신학자이기도 하다. 우리가 기독교 신학자인 이유는, 우리

신학자가 되되 조심하라

모두가 그리스도인이기 때문이다. 어떤 신자들은 쾌활한 어조로 (종종 약간의 비웃음을 담아) "물론 나는 신학자가 아닙니다!"라고 단언하는데, 이는 신학에 대한 철저한 오해다. 대개의 경우 이 말은, 다만 그 사람 자신이 좋지 않은 신학자임을 의미할 뿐이다. 이는 모든 일을 하나님의 진리에 비추어 시험해 보려 하지 않기 때문이다.

우리가 어떤 그리스도인을 만날 때 물어야 할 질문은 "당신은 신학자입니까?"가 아니다. 우리는 이미 그가 한 사람의 신학자임을 알기 때문이다. 오히려 우리가 살펴야 할 문제는 과연 그가 좋은 신학자인지 여부다. 이는 그 사람이 칼케돈 신조를 암송하거나 헬라어 동사의 형태를 분석할 수 있는지 여부와는 관계가 없다. 좋은 신학자가 되는 일은 주로 한 사람의 지적인 능력이나 학력에 연관된 것이 아니기 때문이다. 안셀무스의 유명한 표현처럼, 기독교 신학은 곧 '이해를 추구하는 신앙'(faith seeking understanding)의 작업이다. 따라서 한 사람의 좋은 신학자가 되는 **결정적인** 조건은 바로 하나님의 계시된 말씀이신 예수 그리스도를 향한 믿음에 있다.

좋은 신학자가 되는 일은 하나님의 말씀을 바르게 알며 그 말씀에 의지하려고 노력하는 일을 가리킨다. 이는 곧 신실한 그리스도인이 되는 일이다.

사역하는 마음

하지만 우리 중 대부분은 어떤 자리에서 자신을 신학자로 소개하는 경우가 드물다. 실제로 다른 이들과의 대화 자리에서 신학이 거론되면(그런 일은 흔치 않지만), 우리는 종종 이런 질문을 접한다. "신학이 우리의 삶과 무슨 상관이 있나요?" 그러면 신학 활동은 정말 우리의 일상과 동떨어진 일일까?

그렇지 않다. 신학은 우리가 매일 선택하는 모든 일과 깊은 연관성을 지닌다. 우리 각 사람은 이 세상의 실재를 바라보는 자신의 관점에 근거해서 어떤 일을 행한다. 이는 우리 모두가 신학적인 자세로 살아감을 의미한다(여기서 저자는 이 세상 전체가 하나님의 피조물이기에 모든 일이 신학적인 성격을 띤다고 여긴다―옮긴이). 이 세상에 신학적인 사안이 아닌 것은 하나도 없다.

우리 그리스도인들은 우리의 이해가 하나님의 계시에 의해 형성되며 인도되지 않을 경우, 자신의 모든 생각이 그릇된 길로 가게 될 것임을 안다. 따라서 기독교 신학은 진실로 '재탐구'(re-search)가 된다. 그것은 하나님이 계시해 주신 말씀의 빛에서 이 세상의 실재 전체를 새롭게 살피는 작업이기 때문이다.

기독교 신학을 익히는 것은 곧 이 세상의 혼잡한 소리들에 둘러싸인 채 살아오면서 우리 마음속에 켜켜이 쌓인 거짓

133

신학자가 되되 조심하라

과 오류들을 제거하고 하나님의 진리로 그 자리를 채우는 일이다. 이때 우리는 그리스도의 마음을 덧입고, 주위의 문화 속에 널리 퍼진 거짓말들을 걸러내게 된다. 우리가 할 일은, 이 사회의 지배적인 가정들에 사로잡혀 잘못된 방향으로 떠내려가기를 거부하는 것이다.

예를 들어 현대 문화의 많은 부분은 실용주의에 그 뿌리를 둔다. 사람들은 그저 많은 일들을 바쁘게 감당하기 원한다. 어떤 일들을 어떻게 해야 하는지, 그리고 그 이유는 무엇인지에 관해서는 그다지 숙고하지 않는다. 그저 온갖 활동을 분주하게 이어 가는 것이 이 사회의 경향이다.

그런데 이 문화적인 흐름의 바탕에 놓인, 사람들이 당연한 것으로 받아들이는(그리고 분명히 신학적인 성격을 띠는) 기본 전제들은 무엇일까? 과연 우리의 활동은 선하고 올바른 방향으로 진행되고 있는가? 한 예로 우리 그리스도인들은 전도에 열심을 낸다. 그런데 우리는 구체적으로 어떤 복음을 전해야 할까? 이 질문의 답을 찾으려면, 과거의 신학을 탐구하며 성경과 그리스도인들이 그 안에서 찾아낸 위대한 교리들과 더불어 씨름하는 길밖에 없다.

우리의 삶과 이 세상 속에 진정한 변화가 임하기를 바란다면, 바른 신학 활동을 통해 세상의 실재에 대한 사람들의

사역하는 마음

그릇된 전제와 가정들을 드러내고 그것들을 하나님의 진리로 대체해야 한다. 그럴 때 우리는 이 세상을 뒤바꿔 놓는 이들이 된다(행 17:6). 이처럼 신학은 우리의 일상생활과 지극히 밀접하게 연관되어 있다. 사실 우리의 삶과 죽음이 하나님을 아는 일에 달려 있기에, 신학 역시 중대한 의미를 지닐 수밖에 없다. 만약 신학이 우리의 삶과 무관하다고 여길 경우, 우리는 하나님을 거짓말쟁이로 지칭하는 셈이다. 그분의 말씀이 이 세상의 실재를 제대로 드러내지 않는다는 뜻이 되기 때문이다.

그런데 신학은 여타 학문 분과들과는 다른 성격을 지닌다. 그리스도께서 온 세상에 대한 자신의 보편적인 주권을 주장하시기 때문에, 신학자들은 다른 분과에서 미처 다루지 못하는 영역까지 살피면서 지식의 모든 분야를 선도하게 된다. 지금의 대학들은 중세 시대의 신학부로부터 생겼으며, 만약 복음의 가르침이 참되다면 계속 그 토대 위에 머물러야 한다. 이에 관해 아브라함 카이퍼는 다음의 유명한 말을 남겼다. "우리 인류가 살아가는 모든 영역 가운데서, 만물의 주권자이신 그리스도께서 이렇게 선포하지 않으시는 곳은 단 1인치도 없다. '이곳도 나의 것이다!'" 그러므로 삶과 지식의 모든 영역에서, 우리는 오직 하나님의 말씀에 담긴 진리를

신학자가 되되 조심하라

좇아가야 한다. 세상 사람들이 내세우는 온갖 '권위 있는 지식'에 현혹되어서는 안 된다.

세상 모든 일에 대한 우리의 접근 방식을 결정하는 것은 바로 우리 자신의 신학이다. 이때 우리의 신학은 좋거나 나쁠 수도 있고, 기독교적이거나 이교적일 수도 있고, 철저히 숙고한 결과이거나 무의식적인 전제일 수도 있다. 여러분은 장차 임할 심판을 실제로 믿는가? 그 대답은 여러분이 사람들 앞에서 그 심판의 두려움을 얼마나 경고하는지를 통해 드러날 것이다. 여러분이 믿는 신은 단일 인격을 지닌 존재인가, 아니면 성부와 성자, 성령의 교제 가운데 계시는 인격적인 하나님인가? 그리고 이 질문에 어떻게 답하는지에 따라, 우리가 하나님과 이웃과의 관계에 진실한 관심을 품게 될지 여부가 결정된다.

신학은 특히 우리의 제자도와 전도에 영향을 끼친다. 먼저 제자도를 살펴보자. (바울의 탁월한 표현을 빌리자면) '신학'(theology)은 하나님께 드리는 우리의 "이성적인"[1] 예배이며, 그 가운데는 우리의 몸을 드려 헌신하는 일 역시 포함된다. "그러므로 형제들아, 내가 하나님의 모든 자비하심으로 너희를 권하노니 너희 몸을 하나님이 기뻐하시는 거룩한 산 제물로 드리라. 이는 너희가 드릴 영적 예배니라"(롬 12:1). 여기서

136

'몸'은 곧 일상적인 삶의 방식을 가리킨다. 우리는 "하나님의 자비를 좇아"(롬 12:1, NIV 참조) 살아갈 수도 있지만, 복음 이외의 다른 것을 좇는 삶을 살 수도 있다. 신학의 과업은 바로 사람들 앞에 하나님의 자비를 생생히 드러냄으로써 그들이 전자의 삶을 택할 수 있게 하는 것이다.

좋은 신학은 좋은 제자도로 이어지지만, 나쁜 신학은 나쁜 제자도를 낳는다. 우리의 신학 활동 가운데 그리스도를 몸으로 섬기는 일(실제적이며 능동적인 섬김)이 수반되지 않을 때, 그것은 **하나님의** 말씀에 근거한 신학이 될 수 없다. 어떤 신학이 ('현실과 동떨어졌다'는 의미에서) 그저 '학문적인' 것으로 남아 있을 때, 말씀이신 예수님, 친히 육신이 되어 우리 안에 거하셨던 그분의 진리를 온전히 드러낼 수 없기 때문이다.

둘째, 신학은 우리의 전도에 깊은 영향을 끼친다. 주님의 말씀을 바르게 알 때, 우리는 그분을 본받게 된다. 우리는 온 세상에 나아가서 그분이 베푸시는 구원의 복음을 전하려 하게 된다. 좋은 신학은 우리의 마음속에 전도의 의욕을 심어 줄 뿐 아니라, 그 일의 적절한 방편까지 마련해 준다. 그러므로 베드로는 이렇게 권면한다. "너희 마음에 그리스도를 주로 삼아 거룩하게 하고 너희 속에 있는 소망에 관한 이유를 묻는 자에게는 대답할 것을 항상 준비하[라]"(벧전 3:15). 실제로 우

신학자가 되되 조심하라

리가 친구들을 만나서 예수님의 이야기를 전할 때, 그들의 질문에 제대로 답하기 위해 말씀을 더 깊이 연구할 필요가 있음을 발견한다. 복음의 신학을 바르게 파악할 때, 우리는 그 말씀의 메시지를 더욱 순전한 방식으로 전할 수 있게 된다. 지금 이 세상에는 그런 메시지가 절실히 필요하다.

우리가 더 나은 신학을 익히는 데 힘써야 할 이유는 바로 여기에 있다. 우리의 신학적 관점은 우리의 제자도뿐 아니라 우리가 품은 전도의 열심과 효력, 그리고 우리의 삶 전체에 깊은 영향을 끼치기 때문이다.

그러면 모든 신자가 전문적인 신학 연구에 참여해야 하는 것일까? 이미 그 길에 들어선 우리는 어떻게 해야 할까? 이 과업을 수행하는 동안 우리가 주의해야 할 일들은 무엇일까?

위에서 언급했듯이, 모든 사람은 다 신학자다. 하지만 세상의 실재를 '재탐구'하는 이 과업에 깊이 몰두할 기회를 누구나 얻을 수 있는 것은 아니다. 간단히 말하자면, 우리는 세상의 거짓 주장들이 가득한 일상을 벗어나서 복음의 진리를 파악하는 데 집중할 기회를 얻은 것을 큰 기쁨으로 여겨야 한다.

하지만 우리가 다 알듯이 실제 상황은 그렇게 단순하지 않다. 때로 우리는 신학을 깊이 탐구할 기회를 얻은 것을

138

사역하는 마음

큰 특권으로 느낀다. 하지만 신학교의 학위 과정에서 공부할 때, 묵상과 성경공부에만 전념하게 되지는 않는다. 특히 외국어 문법의 난해한 부분과 씨름하거나 교회사의 온갖 세부 사항을 살피는 데 시간을 쏟아야 할 때, 우리는 일상과 무관한 학문 세계에 갇혀 버렸다고 느끼기 쉽다.

그러면 우리는 신학을 공부할 때 직면하는 이 실제적인 문제들을 어떻게 다루어야 할까? 우리는 어떻게 학교 도서관과 서재에서 좋은 신학자가 될 수 있을까?

먼저 우리는 처음에 낯설거나 불편하게 다가오는 일들이 다 나쁜 것은 아니라는 점을 깨달아야 한다. 우리 복음주의자들은 마치 (그 맛이 어떤지를 아직 모르기 때문에 어떤 새 음식도 먹어 보지 않으려 하는) 입맛이 까다로운 아이처럼 될 가능성이 있다. 신학 공부를 시작할 때, 우리는 이 신비한 과목이 지닌 어두운 영향력에 관한 경고를 주위에서 자주 듣게 된다. 이를테면 젊고 신실한 그리스도인들이 신학 공부의 과정에서 자유주의의 수렁에 빠져 버린 일에 관한 이야기들을 흔히 접하는 것이다. 실제로 새 학기 수업을 들을 때, 우리는 온갖 새로운 개념과 과업들에 직면한다. 그리고 이 과정에서, 처음에 품었던 우리의 의심이 확증되는 듯이 보인다.

우리는 잠시 후에 실제로 신학을 공부할 때 매우 주의해

신학자가 되되 조심하라

야 할 심각한 문제들이 있음을 살펴볼 것이다. 하지만 이 일에 앞서 우리는 먼저 우리에게 충격을 주고 불편하게 하며 우리 자신의 문제점과 대면하게 하는 것이 신학의 본질적인 속성 중 하나임을 알아야 한다.

하나님의 말씀은 먼저 우리 마음을 몹시 불편하게 만드는 메시지로 다가온다. 이는 우리 자신의 죄와 구원의 필요성을 일깨우기 때문이다. 그 말씀은 죄에 빠져 깊이 잠든 우리의 심령을 흔들어 깨우며, 이전까지 우리가 늘 신뢰하며 의존해 왔던 우상들을 모두 거두어 간다. 그러고는 우리로 하여금 세상에 나아가 사람들의 죄를 드러내며 흔들어 깨우도록 파송하는 것이다. 좋은 신학은 우리 자신의 허물을 대면하게 만드는데, 이 수업의 과정에서 마음의 어려움과 도전을 겪지 않는다면 우리는 제대로 된 신학을 하는 것이 아니라고까지 할 수 있다.

진정한 신학 작업은 일종의 나들이 같은 것이 아니다. 오히려 신학은 치열한 분투가 되어야 한다. 복음의 빛에서 바라볼 때 지금 이 세상은 거꾸로 뒤집혀 있으며, 그리스도께서는 우리를 보내어 이 세상을 다시 원래의 모습대로 회복시키려 하시기 때문이다. 그러므로 낯선 실천이나 (이제껏 우리가 배우고 생각해 온 내용에 도전을 제기하는) 불편한 일들을 반

사역하는 마음

사적으로 거부해서는 안 된다. 좋은 신학을 판별하는 참된 기준은 우리가 그것을 얼마나 편안하게 느끼는지가 아니라, 그것이 성경의 가르침에 부합하느냐에 달려 있기 때문이다.

이에 연관된 한 가지 사례로, 신학 수업 과정에서 성경이 아닌 다른 신학자들의 글을 살피는 데도 상당한 시간을 쏟게 되는 일을 생각해 볼 수 있다. 여기서 우리는 종종 이런 의심을 품는다. '이 낯선 관행은 시간 낭비가 아닐까? 하나님 말씀 대신에 다른 사람들의 생각을 배우는 데 시간을 들이는 것은 부질없는 일 아닌가?'

물론 신학자들의 글을 탐구하는 일 때문에 성경 공부를 소홀히 여겨서는 안 된다. 우리의 모든 학업에서 성경 공부는 늘 불변하는 토대로 남아 있어야 하기 때문이다. 하지만 다른 이들의 사상을 익히는 이 낯선 관행은 실제로 꼭 필요하다. 인격적인 공동체(삼위일체—옮긴이)로 존재하시는 하나님은 우리 역시 공동체 가운데서 살아가며 활동하도록 부르시기 때문이다. 어떤 그리스도인도 모든 문제의 답을 혼자서다 알아 낼 수는 없다. 우리 신자들은 서로에게서 듣고 또 배워야 한다.

우리는 교회 공동체에 속한 이들로서 신학 작업을 함께 수행한다. 이때 우리는 과거에 활동했던 신앙의 선배들이 남

신학자가 되되 조심하라

긴 글을 통해 지혜를 얻으며, 지금 우리 곁에 있는 형제자매의 통찰과 조언을 통해서도 유익을 누린다. 그러므로 여러 신학자들(그들이 위대한 사상가든, 심각한 오류에 빠진 이들이든 간에)의 사상을 탐구해 나갈 때, 우리 자신이 기독교적인 교제 안에 늘 머물러야 함을 새삼 되새기게 된다. 혼자만의 생각에 몰입하는 것은 교회 공동체를 사랑하고 섬기는 기독교 신학자의 모습이 아니다. 우리가 성경을 탐구하기 위해서는 과거의 위대하고 신실한 그리스도인들이나 지금 우리 곁에 있는 지체들의 도움에 기꺼이 의지해야 한다.

이상의 논의를 요약하자면, 좋은 신학자가 되기 위해서는 우리 자신과 이 세상의 문제들을 밝히 드러내시는 하나님의 말씀을 계속 붙들고 씨름해야 한다. 모든 일을 그 말씀에 근거해서 분별하며, 우리 자신의 변덕스러운 기분에 의존하지 말아야 한다. 또 우리는 (과거와 현재 모두에 속한) 교회 공동체의 교제 가운데서 학업을 이어 가며, 다른 이들의 지혜를 배우고 그것을 다음 세대에 전해 주어야 한다.

그런데 우리가 신학을 공부할 때 애써 씨름하고 분투해야 할 또 하나의 심각한 이유가 있다. 그것은 바로 우리 곁에 오류와 거짓 가르침이 늘 존재하기 때문이다. 다른 학문 분야들의 경우, 어떤 부분에서 오류를 범하더라도 그저 제한적

사역하는 마음

인 파급 효과만을 가져올 뿐이다. 이때에는 자신의 잘못을 인정하며 얼굴을 붉히거나 가볍게 웃는 정도로 충분히 사태를 수습할 수 있다. 하지만 신학의 경우, 그 파급 효과는 영원히 지속될 수 있다. 이는 신학적인 오류와 거짓 가르침들이 이 세상의 실재 자체를 왜곡시키기 때문이다. 초대 교회의 교부였던 이레니우스의 표현처럼, 이때 신학은 사람의 몸과 영혼을 죽이는 결과를 낳는다.

그러면 우리는 그릇된 신학들에 어떻게 대처해야 할까? 우리는 단순히 그런 사상들을 외면하려 들 수도 있다. 그리고 실제로 어떤 신학 사상들의 경우에는 당분간 그대로 두어야 할 때도 있다. 지금 우리의 힘으로는 그런 사상들에 적절히 대처할 수 없을 때 그러하다. 이 일은 우리가 다른 지체들과의 교제 가운데 머물러야 할 필요성을 다시금 일깨워 준다. 다른 한편으로, 우리 각 사람에게 어떤 문제에 답할 능력이 없을지라도 온 교회가 모두 그런 것은 아니기 때문이다.

그런데 각종 오류와 거짓 가르침들은 그리스도의 재림 이전까지 이 세상에서 결코 사라지지 않는다. 그러므로 교회와 우리 학생들은 이 치명적인 영적 개념들에 늘 맞설 태세를 갖춰야 한다. 신학 공부의 목적 중 하나는 바로 그 싸움에 대비하기 위함이다. 이처럼 우리는 교회 안에서 막중한 책임

143

신학자가 되되 조심하라

을 맡은 이들이다. 이는 우리가 그리스도를 더 깊이 알아 갈수록, 주님과 그분의 복음을 거스르는 일들에 맞설 준비가 더 견고해지기 때문이다. 우리가 어떤 이유에서 신학교에 입학했든 간에, 이런 의무를 생각할 때 공부를 결코 소홀히 할 수 없다. 교회와 세상의 유익을 위해, 우리는 하나님 말씀에 담긴 구원의 진리를 가지고서 온갖 오류와 거짓 가르침에 맞서 싸워야 한다.

우리가 이 싸움을 감당하기 위해서는 "성령의 검 곧 하나님의 말씀"으로 무장해야 한다(엡 6:17). 그런데 싸움터에 뛰어들기 전에, 우리는 먼저 자신의 영적인 식단을 점검할 필요가 있다. 어떤 신학 사상(그것이 새로 생겨났든 과거의 것이든 상관없이)을 받아들이기 전에, 우리는 먼저 성경의 검증을 통해 그것이 정말 건전하고 유익한 가르침인지를 확인해야 한다. 바울은 자신의 서신들에서 이 점을 거듭 강조한다. "범사에 헤아려 좋은 것을 취하고"(살전 5:21), "기록된 말씀 밖으로 넘어가지 말라"(고전 4:6). "사람은 다 거짓되되 오직 하나님은 참되시다 할지어다"(롬 3:4). 우리는 성경의 관점에서 거짓으로 판명된 주장들을 힘써 거부하고, (기도와 찬양 가운데서) 올바른 가르침들을 따라가야 한다. 이같이 행할 때, 신학 수업의 기간은 영적인 정체나 퇴보의 시간이 아니라 놀라운 성

사역하는 마음

장의 시간이 될 것이다. 역사적으로 교회가 이단에 직면했던 시기에, 하나님은 오히려 신자들이 그분의 진리를 더 깊이 깨닫도록 인도하시곤 했다. 예를 들어 열띤 그리스도 논쟁이 벌어졌던 초대 교회 시기나 이후의 종교개혁 시기에서 그런 모습을 볼 수 있다. 이같은 진리 탐구의 여정에서, 우리는 크고 은혜로우신 하나님을 더 깊이 알아 간다.

이상의 논의에서는 우리 주위의 **오류와 거짓 가르침들**을 배격해야 한다는 점을 살펴보았다. 그런데 신학생들에게는 또 다른 위험 요소가 있다. 그것은 바로 신학 공부를 통해 우리의 **내면**이 추하게 변질될 수 있다는 점이다.

이런 문제가 가장 흔히 나타나는 것은, 바로 우리의 신학 공부가 단지 이론적이고 사변적인 수준에 머물게 될 때다. 우리가 텔레비전에 계속 등장하는 선정적이고 폭력적인 장면들을 보면서 조금씩 무감각해지듯이, 신학(최악의 경우에는 성경 자체)도 그저 냉랭한 태도로 몰두하는 하나의 학문 분야가 되어 버릴 수 있다.

신학은 마땅히 하나님의 계시를 향한 우리의 경배와 응답이 되어야 한다. 그러나 우리는 어리석게도 자신을 하나의 작은 신적인 존재로 높이기 위해, '신학에 무지한' 형제자매가 어리둥절한 표정으로 지켜보는 앞에서 우리의 '지식'을

신학자가 되되 조심하라

과시하곤 한다. 하지만 이것은 참된 의미의 지식이 아니다. 우리의 이 '지식'은 진리가 눈에 보이는 데이터들로 이루어져 있다고 여기는 하나의 본질적인 오류에 근거하고 있기 때문이다. 진리는 오직 주님의 인격에 그 바탕을 둔다(요 14:6).

이런 식의 공부는 우리를 그릇된 방향으로 이끈다. 이때 우리는 성경을 읽어 가다가, 자신이 실제로는 그 본문 속에 담긴 그리스도의 진리를 묵상하고 있지 않음을 문득 깨닫는다. 오히려 '벨하우젠(오경의 문서 가설을 주장했던 19세기 독일의 유명한 구약학자―옮긴이)이라면 이 본문을 어떻게 다루었을지'를 생각하거나, 다음 학기의 소논문에서 이 구절을 인용해야겠다고 마음먹는 자신의 모습을 발견하는 것이다. 교회 공동체가 올바른 신학적 사고를 하도록 돕는 것이 우리의 과업이지만, 도리어 우리는 신학을 '평범한 그리스도인들'이 감히 다가갈 수 없는 전문 분야로 만들어 버린다. 그 결과, 우리는 그리스도를 날마다 더 깊이 알아 가면서 성숙한 믿음의 길로 나아가는 대신에 마치 바리새인처럼 지적인 교만과 독선에 빠진 성직자들이 되어 버린다. 하나님의 복된 소식이 온 세상에 전파되는 일을 방해하게 되는 것이다. 그리하여 우리는 복음의 원수들이 된다.

그러므로 우리 신학생들은 자신의 일상 속에서 하나님

사역하는 마음

말씀의 가르침을 구체적으로 받들고 있는지, 또 자신이 교회 공동체의 충실한 일원으로 살아가고 있는지를 날마다 돌아보아야 한다. 간단히 말해, 과연 우리는 그리스도를 깊이 알아 가기 위해 신학을 하고 있는가? 아니면 아담처럼 그분의 시선을 피하기 위해 신학을 이용하고 있지는 않은가?

앞서 우리는 기독교 신학을 탐구하는 것이 인간이 할 수 있는 가장 위대한 일임을 언급했다. 이는 그것이 단순히 학교에서 강의를 듣고 책을 읽는 일 정도에 그치지 않기 때문이다. 오히려 그것은 그리스도를 알아 가는 일이다. 이때 우리는 그분이 계시하신 진리의 빛 아래서 세상의 실재를 '재탐구'하며, 우리 삶의 그릇된 모습을 바로잡게 된다. 진정한 **로고스**이신 주님을 알아 가는 것은 세상에서 가장 이성적인 일이며, 이는 우리의 일상생활과도 긴밀한 연관성을 지닌다. 그렇기에 우리는 늘 주님의 복된 말씀을 전하며, 그분의 메시지와 경쟁하는 모든 인간적인 주장을 물리치기 위해 애써 노력해야 한다.

이럴 때에야 우리의 학업은 영원한 열매를 맺게 된다. 우리가 비이성적인 상태에 빠지는 것은 오직 그분을 알아 가려는 노력을 포기할 때, 그리하여 우리 인생이 다른 가치관들의 지배 아래 놓일 때뿐이다. 우리는 이 배움의 과정을 통해 주님께로 날마다 더 가까이 나아가야 한다. 그리고 다른 이들도 진정한 학문의 여왕인 신학을 깊이 탐구함으로써 더욱 생생하고 충만한 삶을 살아갈 수 있도록 이끌어 주어야 한다.

믿음의
경주에
동참하라

1940년 5월 13일, 수상이 된 윈스턴 처칠은 하원에서 첫 연설을 했다. 이때 그는 다음의 유명한 말을 남겼다. "나는 우리 내각에 합류한 이들에게 했던 말을 여러분에게도 들려드리고 싶습니다. 지금 내가 확실히 말할 수 있는 것은 그저 우리의 피와 땀, 눈물과 수고가 요구된다는 것뿐입니다. 우리 앞에는 가장 혹독한 시련이 놓여 있습니다. 앞으로 우리는 오랜 고난과 투쟁을 견뎌야 할 것입니다."

예수님은 그분의 백성에게 이와는 매우 다른 메시지를 들려주신다. 그분은 승리를 약속하시며, 우리에게 생명과 기쁨, 평안을 베풀어 주신다. 하지만 우리가 그리스도의 군대에 입대하며 복음의 사역자로 살아갈 때, 힘겨운 고난과 투쟁을 감수해야만 한다. 믿음의 싸움터에서도 사상자가 생겨나며, 이 싸움에는 우리의 피와 땀, 눈물과 수고가 요구된다.

오늘도 교회는 믿음의 싸움터에 군대를 파송하고 있다. 이 모습을 바라볼 때마다, 나는 그리스도를 향한 사랑 때문에 기꺼이 자신의 삶을 드린 이들을 기억하며 깊은 자부심과 감격을 느낀다. 이렇게 교회를 인도하도록 부름받은 사역자들을 생각할 때, 나는 벅찬 기대와 악몽 같은 두려움을 동시에 경험한다. 내가 깊이 두려워하는 이유는, 그들 중 일부가 탈선해서 유다의 표현처럼 "자기 몸만 기르는 목자", "열매

믿음의 경주에 동참하라

없는 …… 나무", "유리하는 별들"이 되어 버릴지도 모른다는 생각 때문이다(유 1:12-13).

반대로 내가 품은 기대는, 언젠가 이 교회의 일꾼들이 바울과 함께 이렇게 고백할 날이 오리라는 것이다. "나는 선한 싸움을 싸우고 나의 달려갈 길을 마치고 믿음을 지켰으니"(딤후 4:7-8). 그날에 그들은 자신의 수고가 거둔 영원한 결실을 보게 될 것이다. 그때에는 그리스도께서 그들에게 친히 영광의 면류관을 씌워 주시면서 이렇게 말씀하실 것이다. "잘하였도다, 착하고 충성된 종아!"(마 25:23) 지금 나는 이 모습을 보게 될 때를 고대하면서 신학 교육의 사역을 감당하고 있다.

히브리서에서는 우리 앞에 놓인 믿음의 경주에 관해 말씀한다(12:1). 그것은 모든 그리스도인에게 주어진 것이지만, 특히 복음 사역에 헌신한 이들에게 꼭 필요한 경주다. 우리 앞에는 하나의 치열한 경주가 놓여 있다. 우리는 게으르게 제자리를 맴돌거나 정처 없이 헤매지 않고, 온 힘을 다해 그 경주를 감당해야 한다. 그것은 세상에서 가장 위대하고 스릴 넘치는 경주다. 이는 그것이 주 예수님의 뒤를 따라가는 경주이기 때문이다.

앞선 히브리서 6장에서 예수님은 우리의 선구자로 언급

사역하는 마음

된다(20절). 그분은 구원의 개척자로서 죽음과 영광의 길을 달려가셨다. 우리보다 앞서 가셔서 우리의 길을 열어 주신 것이다. 예수님은 자신의 고난과 굴욕, 죽음을 통해 그 길을 예비하셨으며, 우리 역시 그 모든 일을 거쳐 영광에 이르도록 정해 두셨다. 그분은 우리를 위한 구원의 뿔이 되셨다. 우리보다 앞서 가셔서 우리의 원수들을 힘 있게 굴복시키셨다.

우리는 바로 이 예수님의 뒤를 좇아 경주하도록 부르심을 받았다. 이제 그분이 앞서 가신 그 길을 전심으로 따라가야 하는 것이다. 이 일을 생각할 때 우리는 그저 사람들을 주께로 인도하는 데 헌신하는 주위의 사역자들을 향해 "멋지다!"라고 격려하는 수준에 그쳐서는 안 된다. 교회는 세상으로 복음의 증인들을 파송하는데, 이들은 곧 죽음을 감내하도록 부름받은 이들이다. 이들은 지극한 영광으로 부름받았으며, 스스로에 대해 죽음을 감수하지 않는 이들은 결코 그 영광을 보지 못한다.

이 경주는 실로 아름답고 경이롭다. 우리 중에는 깊은 회개가 주는 기쁨이나 자신의 교만과 야심을 내려놓을 때 생겨나는 씁쓸하면서도 홀가분한 느낌, 자신이 더 크고 복된 비전을 추구하는 이로 거듭났음을 깨달을 때 찾아오는 행복감을 아직 경험하지 못한 이들도 있을 것이다. 그러나 마침

민음의 경주에 동참하라

내 그 비전을 붙들 때, 우리의 작고 초라한 자아가 아니라 크고 위대하신 그리스도께서 우리의 시선을 가득 채우신다.

자아에 몰두하는 이들에게는 이런 내 말이 어리석게 들릴지도 모르겠다. 하지만 이것은 우리가 참여할 수 있는 가장 복된 경주이며, 이 경주는 우리에게 깊은 해방감을 가져다준다. 히브리서 12:1에서는 이 경주에 참여한 이들을 향해 다음의 세 가지를 권면한다. 과거의 증인들을 돌아보는 일, 위에 계신 예수님을 바라보는 일, 그리고 장차 임할 기쁨을 내다보는 일이다.

먼저 우리는 과거의 증인들을 돌아보아야 한다. "이러므로 우리에게 구름같이 둘러싼 허다한 증인들[또는 순교자들]이 있으니 모든 무거운 것과 얽매이기 쉬운 죄를 벗어 버리고 인내로써 우리 앞에 당한 경주를 하며." 우리는 앞서 믿음의 길을 갔던 수많은 증인들을 바라보아야 한다. 그들은 주님의 도우심을 힘입어 그 경주를 무사히 마친 이들이다.

교회 지도자들이 겪게 되는 가장 큰 위험 중 하나는 홀로 고립되는 일이다. 교인들은 여러분이 경험하는 사역의 압박감을 잘 이해하지 못한다. 어쩌면 그들은 우리를 과대평가한 나머지, 우리에게는 자신들의 격려가 별로 필요치 않다고 여길지도 모른다. 그들은 우리에게 직접 충고하는 일을 부담

사역하는 마음

스럽게 느끼고, 멀리서 비판만 제기할 수도 있다. 이처럼 교회의 지도자들은 홀로 고립되기가 쉽다. 우리는 그 고립 상태를 극복하기 위해 노력해야 한다.

　　나는 대학 시절에 두 친구를 사귀었는데, 이들은 내게 무척 소중한 존재다(앞서 말했듯이 우리는 지금도 매년 세 번씩 만난다). 이는 우리가 정직하고 순전한 사랑으로 서로를 격려하며 지지해 주기 때문이다. 우리는 모두 이같은 주위 친구들의 모임을 만들어 나갈 필요가 있다. 지금 여러분 곁에 이처럼 친밀한 벗이 없다면, 그런 교우 관계를 형성하는 데 힘쓰라. 우리는 서로 연합해야 한다.

　　이 일에 관해 히브리서의 앞부분에서는 이렇게 말씀한다. "서로 돌아보아 사랑과 선행을 격려하며 모이기를 폐하는 어떤 사람들의 습관과 같이 하지 말고 오직 권하여 그날이 가까움을 볼수록 더욱 그리하자"(10:24-25). 여기 12장에서도, 우리가 받은 부르심은 각자 고립된 채 믿음의 경주를 하는 것이 아니다. 오히려 우리는 "인내로써 우리 앞에 당한 경주를" 함께 감당해야 한다.

　　하지만 우리가 **정말로** 혼자 남을 때가 있다. 주일 사역에 온 힘을 쏟고서 탈진해 있을 때, 마음속에 온갖 목회적인 문제들에 대한 염려가 가득할 때가 그런 경우다. 하지만 이럴

155

믿음의 경주에 동참하라

때에도, 우리 앞에는 구름같이 많은 믿음의 증인들이 있다. 이때 우리는 히브리서 11장에 기록된 믿음의 인물들을 돌아볼 수 있다. 그 본문 속에는 우리 삶의 모든 상황들에 대한 교훈이 담겨 있기 때문이다. 그중에는 온갖 역경을 이겨 낸 용감하고 신실한 성도도 있고, 우리와 마찬가지로 어리석은 실패자도 있다. 노아는 술주정뱅이였지만, 주님은 그의 길을 끝까지 인도하셨다. 다윗은 간음을 범한 자였지만, 주님은 그 역시 믿음의 경주를 완주하게 하셨다.

심지어 깊은 낙심에 빠질 때에도, 우리는 시간을 내어 교회사를 살펴야 한다(사실 이 일은 특히 이런 시기에 요구된다). 앞서간 그리스도인들의 전기를 읽으라. 여러분은 그들 역시 인생의 온갖 곡절을 겪으며 자신의 연약함이나 문제들과 씨름했음을 알게 될 것이다. 그 온갖 시련 속에서도 주님이 자신을 끝까지 인도해 주셨음을 고백하는 구름같이 많은 증인들이 있다. 우리는 그들을 돌아보아야 한다.

둘째, 위에 계신 예수님을 바라보아야 한다. "인내로써 우리 앞에 당한 경주를 하며 믿음의 주요 또 온전하게 하시는 이인 예수를 바라보자." 우리가 믿음의 경주를 감당하는 핵심 비결은 여기에 있다. 위에 계신 **예수님을 바라보는** 것이다. 우리의 새로운 삶은 바로 여기에서 시작된다. 주님은 이렇게 말

156

사역하는 마음

쓸하셨다. "온 땅의 족속들아, 나를 바라보라. 그리하면 구원을 얻으리라"(사 45:22, NKJV). 우리는 십자가에 달리신 주님을 바라보았기에 죽음에서 건짐을 받았다(요 3:14 참조).

우리는 계속 주님을 바라보아야 한다. 히브리서 12:3에서는 이렇게 권면한다. "그분을 생각하라"(NIV). 주님을 바라보는 일은 참된 생명과 용기를 가져다준다. 우리는 주님의 모습을 통해 인내와 겸손을 배우고, 곤핍한 자들에게 베푸시는 은혜를 경험한다. 여러분이 신학 수업 시간에 배운 다른 내용을 다 잊어버릴지라도, 이 권면만은 꼭 기억해야 한다. "그분을 생각하라." 우리의 왕이신 주님이 주신 명령은 이처럼 단순하고도 명확하다.

여러분은 이 권면을 비웃으면서, 마음속으로 이렇게 생각할 수도 있을 것이다. '그동안 제가 얼마나 많은 신학적 지혜를 쌓았는지 모르십니까? 저를 과소평가하지 마세요.' 하지만 우리 복음의 사역자들조차 그리스도께로부터 멀어지려는 강한 유혹을 받곤 한다. 영적인 냉담함과 직업주의, 지식을 전달하긴 하지만 청중의 마음은 전혀 움직이지 못하는 설교, 다른 이들의 성공을 바라보면서 겪는 좌절감, 자신의 사역이 성공을 거둘 때 빠지는 교만, 다른 이들을 향한 두려움과 절망은 모두 우리의 시선을 예수님께 고정하지 않을

민음의 경주에 동참하라

때 찾아오는 결과들이다. 그리고 이 문제들은 궁극적으로 다음의 단순한 권면을 좇을 때 해결될 수 있다. "그분을 생각하라."

주님을 바라볼 때 우리 성품이 온전케 된다. 그때에 우리의 심령이 새 힘을 얻는다. 히브리서 11장에 담긴 수많은 증인들의 모습은 바로 이 진리를 보여준다. 이 경주를 끝까지 감당하기 위해서는 믿음의 힘이 필요한데, 그것은 우리 개인의 역량에서 나오는 것이 아니다. 우리의 두 손을 불끈 쥐고 애써 용기를 낸다고 해서 믿음이 생겨나는 것이 아니다. 그 힘은 언제나 우리의 왕이신 주님을 바라볼 때 찾아온다.

예를 들어 모세가 일시적인 죄의 쾌락을 누리기보다 하나님의 백성들과 함께 핍박받는 쪽을 택했던 이유는 무엇일까? 히브리서 11:26에서는 이렇게 말씀한다. "그리스도를 위하여 받는 수모를 애굽의 모든 보화보다 더 큰 재물로 여겼으니 이는 상 주심을 바라봄이라." 우리도 모세처럼 주님을 바라보아야 한다.

마지막으로 우리는 장차 임할 기쁨을 내다보아야 한다. 사실 이 일은 예수님을 바라보는 일의 한 부분이다. 히브리서 12:2에서는 이렇게 당부한다. "믿음의 주요 또 온전하게 하시는 이인 예수를 바라보자. 그는 그 앞에 있는 기쁨을 위

사역하는 마음

하여 십자가를 참으사 부끄러움을 개의치 아니하시더니 하나님 보좌 우편에 앉으셨느니라."

예수님이 십자가의 고난과 수치를 감내할 수 있었던 것은 그 앞에 놓인 기쁨을 내다보셨기 때문이다. 그러면 그 기쁨은 어디서 오는 것이었을까? 그 기쁨은 단순히 아버지 하나님이 자신을 죽음에서 다시 일으키시리라는 생각에서 오는 것이 아니었다. 그 기쁨은 그저 자신이 하늘 보좌에 올라 만물을 다스리게 되리라는 데서 오는 것도 아니었다. 예수님은 영원 전부터 그런 생명과 통치의 권세를 이미 다 지니고 계셨기 때문이다. 그분은 그런 일들을 누리려고 굳이 이 땅에 내려오실 필요가 없었다.

오히려 예수님은 자신이 이 땅에서 성취한 모든 일의 결실을 내다보면서 기쁨을 얻으셨다. 그것은 바로 그분의 신부인 교회다. 주님은 자신의 신부인 교회를 속량하기 위해 이 땅에 오셔서 친히 피를 흘리셨다. 그분은 계시록에 묘사된 다음의 일이 마침내 이루어질 것을 내다보면서 기뻐하셨던 것이다. "허다한 무리의 음성과도 같고 많은 물소리와도 같고 큰 우렛소리와도 같은 소리로 이르되……."

우리가 즐거워하고 크게 기뻐하며

159

믿음의 경주에 동참하라

그에게 영광을 돌리세.

어린 양의 혼인 기약이 이르렀고

그의 아내가 자신을 준비하였으므로(계 19:6-7).

예수님이 내다보신 기쁨은 곧 그분의 신부인 교회와 혼인하여 하나로 연합하는 일이었다. 지금 우리 앞에 놓인 기쁨 역시 동일하다. 이는 마침내 모든 죄와 고통이 사라진 그곳에서 그분과 함께할 때 누리게 될 기쁨이다. 예수님과 마찬가지로, 그때에 우리 역시 이 땅에서 쏟았던 수고의 결실을 보게 될 것이다. 주님이 우리의 사역을 통해 구속하신 그분의 백성들이 바로 그 결실이다. 과거에 무력한 죄인이었던 그들은 이제 우리의 형제자매가 되었으며, 장차 주님의 혼인 잔치에 우리와 함께 둘러앉을 것이다.

이제 그 복된 기쁨을 생각하며, 그동안 추구해 온 다른 기쁨의 대상들과 견주어 보기 바란다. 여러분이 품어 왔던 사적인 소망을 생각해 보라. 그 소망은 멋진 배우자를 만나 가정을 꾸리는 일에 관한 꿈이었는가? 유명하고 영향력 있는 사람이 되기를 바랐는가? 편안한 삶을 살고 싶었는가?

그런 소망들 자체가 나쁘다는 것은 아니다. 하지만 마음속에 그런 기대를 품을 때마다, 그것을 우리 앞에 놓인 복음

사역하는 마음

의 큰 기쁨과 나란히 두고 살펴보라. 그 둘 가운데 우리에게 더욱 생생하고 위대하게 다가오는 것은 무엇인가? 우리의 삶을 온전히 지탱해 주며, 마음의 중심에 늘 간직해야 할 기쁨은 무엇이겠는가?

우리는 변덕스럽고 불확실한 세상의 소망을 좇아가는 경주에 머물러서는 안 된다. 성공과 재물, 명성과 안락함만을 추구할 때, 우리는 결국 실망하게 될 것이다. 그러니 죽음을 통해 영광에 이르는 위대한 복음의 경주에 동참하라.

구름같이 많은 증인들이 우리 곁에 있다. 위대한 선구자이신 주님의 뒤를 좇아가자. 그분이 예비하신 기쁨을 향해 나아가자.

민음의 경주에 동참하라

주

1. 하나님을 즐거워하라

1. Richard Baxter, *The Reformed Pastor* (Edinburgh: Banner of Truth Trust, 1974), 54. (『참된 목자』 크리스천다이제스트)
2. Jonathan Edwards, *Works of Jonathan Edwards*, ed. Sang Hyun Lee, vol. 21, *Writings on the Trinity, Faith, and Grace* (New Haven: Yale University Press, 2003), 171.
3. John Calvin, *Institutes of the Christian Religion*, ed. John T. McNeill, trans. Ford Lewis Battles (Philadelphia: Westminster Press, 1960), 1.2.1. (『기독교강요』 크리스천다이제스트)
4. Karl Barth, *Church Dogmatics*, ed. G. W. Bromiley and T. F. Torrance, trans. T. H. L. Parker et al., vol. 2, pt. 1, The Doctrine of God (Edinburgh: T&T Clark, 1957), 656. (『교회 교의학』 대한기독교서회)

2. 십자가만을 자랑하라

1. Roland H. Bainton, *Here I Stand: A Life of Martin Luther* (New York and Nashville: Abingdon, 1950), 386. (『마르틴 루터』 생명의말씀사)

3. 담대하게 기도하라

1. Calvin, *Institutes* 3.20.
2. J. I. Packer, *Knowing God* (London: Hodder & Stoughton, 1973), 224. (『하나님을 아는 지식』 IVP)
3. John Newton, "Encouragement to Pray," in *Trinity Psalter Hymnal* (Atlanta: Great Commission Publications, 2018), #789.
4. John Stott, *Ten Great Preachers: Messages and Interviews*, ed. Bill Turpie (Grand Rapids: Baker, 2000), 117. (『우리 시대의 위대한 설교자들』 브니엘)

주

4. 겸손을 추구하라

1. John Stott, *Evangelical Truth: A Personal Plea for Unity* (Leicester: InterVarsity, 1999), 147. (『복음주의의 기본 진리』 IVP)

5. 우정을 소중히 하라

1. Thomas Carlyle, *Heroes and Hero-Worship* (London & New York: Ward, Lock, and Co., 1888), 3, 11. (『영웅숭배론』 동서문화사)
2. C. S. Lewis, *The Four Loves* (London, Geoffrey Bles, 1960), 73. (『네 가지 사랑』 홍성사)
3. 같은 곳, 70.
4. 같은 곳, 74.
5. 같은 곳, 77, 79.
6. 같은 곳, 84.
7. 같은 곳, 85.
8. John Bunyan, *The Pilgrim's Progress from This World to That Which Is to Come*, in *The Works of John Bunyan*, vol. 3, *Allegorical, Figurative, and Symbolical* (Edinburgh, Banner of Truth, 1991), 190. (『천로역정』 CH북스)

6. 고난을 통해 자라 가라

1. C. H. Spurgeon, *Lectures to My Students: A Selection from Addresses Delivered to the Students of the Pastors' College, Metropolitan Tabernacle.*, vol. 1 (London: Passmore and Alabaster, 1875), 178. (『목회자 후보생들에게』 크리스천 다이제스트)
2. C. H. Spurgeon, *The Metropolitan Tabernacle Pulpit Sermons*, vol. 22 (London: Passmore & Alabaster, 1876), 76.
3. John Flavel, *The Whole Works of John Flavel*, vol. 5 (London: W. Baynes and Son, 1820), 281.

사역하는 마음

4. John Flavel, *The Whole Works of John Flavel*, vol. 4 (London: W. Baynes and Son, 1820), 426-27.

5. Richard Sibbes, *The Complete Works of Richard Sibbes*, ed. Alexander Balloch Grosart, vol. 2 (Edinburgh: London: Dublin: James Nichol: James Nisbet and Co.: W. Robertson, 1862), 34-35.

6. John Bradford, *The Writings of John Bradford*, ed. Aubrey Townsend, vol. 1, *Sermons, Meditations, Examinations* (Cambridge: Cambridge University Press, 1848), 241.

7. 교회를 사랑하라

1. Jonathan Edwards, *Works of Jonathan Edwards*, ed. Wilson H. Kimnach, vol. 25, *Sermons and Discourses* (New Haven and London: Yale University Press, 2006), 187.

2. To George Spenlein, in *Luther: Letters of Spiritual Counsel*, Library of Christian Classics, ed. T. G Tappert (Vancouver: Regent College, 2003), 110.

3. John Owen, *Biblical Theology, or the Nature, Origin, Development, and Study of Theological Truth, in Six Books*, trans. Stephen P. Westcott (Pittsburgh: Soli Deo Gloria, 1994), 703.

4. Sibbes, *The Complete Works of Richard Sibbes*, 202.

8. 신학자가 되되 조심하라

1. KJV에서는 로마서 12:1의 "영적 예배"를 "이성적인 예배"(reasonable service)로 표현하고 있다.

주